Denkmaschinen

AURORA AMORIS

DENKMACHINEN

KI und die Zukunft der Menschheit

2025

Denkmaschinen

Aurora Amoris

INHALT

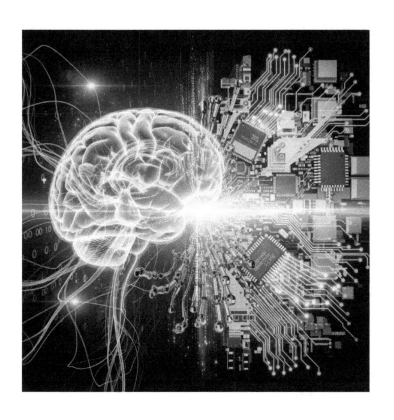

KAPITEL 1

Was ist künstliche Intelligenz?

1.1. Grundlegende Definitionen und Konzepte

Künstliche Intelligenz (KI) bezeichnet die Fähigkeit eines Computers oder Geräts, menschliche Intelligenz zu simulieren oder menschenähnliche kognitive Funktionen auszuführen. Ziel der KI ist es, Maschinen die Ausführung von Aufgaben zu ermöglichen, darunter Lernen, Fragen, Problembehebung, Sprachverständnis, visuelle Wahrnehmung und sogar innovatives Fragen. KI entwickelt heute Technologien, die die menschliche Intelligenz in verschiedenen Bereichen übertreffen können.

Der Begriff Künstliche Intelligenz wurde erstmals 1956 von John McCarthy verwendet und hat sich seitdem rasant weiterentwickelt. Die grundlegenden Konzepte der KI basieren auf dem Bestreben, menschliche Denkprozesse zu modellieren und Maschinen die Fähigkeit zum Lernen zu verleihen. Im Laufe der Zeit hat sich diese Technologie mithilfe komplexerer Algorithmen und tiefgreifender Lernmethoden weiterentwickelt.

Künstliche Intelligenz wird üblicherweise in drei Hauptkategorien unterteilt: Künstliche Intelligenz (ANI), Künstliche Allgemeine Intelligenz (AGI) und Künstliche Superintelligenz (ASI). Jede Klasse definiert den Grad der Komplexität und Leistungsfähigkeit künstlicher Intelligenz.

Künstliche Intelligenz (ANI) ist eine Art KI, die sich durch einzigartige Aufgaben auszeichnet, jedoch auf diese beschränkt bleibt. Die meisten heutigen Technologien basieren vollständig auf ANI, und diese Systeme lösen in der Regel nur ein Problem, neben dem Spielen von Spielen oder dem Übersetzen von Sprachen.

Künstliche Intelligenz (AGI) hingegen ist eine KI, die, genau wie die menschliche Intelligenz, eine Vielzahl von Aufgaben übernehmen kann. AGI kann lernen, sich anpassen und flexibel auf zahlreiche Bedingungen reagieren. Eine AGI-Maschine könnte in einem breiteren Spektrum von Sportarten Entscheidungen treffen und Probleme lösen, die denen des Menschen entsprechen.

Künstliche Superintelligenz (KSI) bezeichnet einen Intelligenzgrad, der die menschlichen Fähigkeiten deutlich übersteigt. KSI erfüllt heute nicht nur Aufgaben auf menschlicher Ebene, sondern löst auch komplexere Probleme, die über die menschliche Intelligenz hinausgehen. Die Entwicklung von KSI gilt als ultimatives Ziel der KI-Forschung, obwohl diese Intelligenz derzeit nur konzeptionell existiert.

Die Entwicklung künstlicher Intelligenz wird durch die zunehmende Lern- und Anpassungsfähigkeit von Maschinen vorangetrieben. Dieses System wird durch Techniken wie maschinelles Lernen (ML) und Deep Learning (DL) unterstützt. Maschinelles Lernen ermöglicht es Computern,

Muster in Statistiken zu erkennen und darauf basierende Vorhersagen zu treffen. Maschinelles Lernen umfasst überwachte, unüberwachte und verstärkende Lernmethoden.

Deep Learning ist ein Teilgebiet des maschinellen Lernens, das mehrschichtige künstliche neuronale Netze zur Analyse komplexerer Statistiken nutzt. Deep Learning hat zu bahnbrechenden Fortschritten in Bereichen wie Bilderkennung, natürlicher Sprachverarbeitung und Sprachsteuerung geführt.

Künstliche Intelligenz ist nicht nur ein zentraler Bereich für den Fortschritt in Technik und Technologie, sondern trägt auch zu wichtigen ethischen und philosophischen Debatten bei. Mit der Entwicklung der KI gewinnen Fragen wie die Auswahl von Geräten, Menschenrechte, Datenschutz, Sicherheit und Voreingenommenheit zunehmend an Bedeutung. Die Entwicklung und Nutzung von KI-Systemen erfordert Kenntnisse über diese moralischen und sozialen Probleme.

Ein weiterer wichtiger Punkt ist der Unterschied zwischen menschlicher und künstlicher Intelligenz. Menschliche Intelligenz basiert auf Emotionen, Aufmerksamkeit und Intuition, während KI ausschließlich auf Algorithmen und mathematischen Modellen basiert. Menschen treffen Entscheidungen ausschließlich auf der Grundlage komplexer emotionaler Zustände und sozialer Kontexte, während KI einem kalkulierteren und logischeren Ansatz folgt.

Trotz der Entwicklung der KI ist sie noch nicht in der Lage, die menschliche Intelligenz vollständig zu reproduzieren. Menschliches Denken umfasst tiefgreifende Elemente wie bewusstes Denken, Empathie und abstraktes Denken, die durch KI-Strukturen noch nicht vollständig nachgeahmt werden. KI-Systeme entwickeln sich jedoch rasant weiter und können die menschliche Intelligenz in bestimmten Bereichen übertreffen.

Künstliche Intelligenz ist ein multidisziplinäres Fachgebiet der Computertechnologie und des Ingenieurwesens, das sich rasant weiterentwickelt und das Potenzial hat, die menschliche Existenz tiefgreifend zu beeinflussen. Sowohl technologische Fortschritte als auch gesellschaftliche Auswirkungen machen KI zu einem der wichtigsten Zukunftsthemen.

1.2. Arten künstlicher Intelligenz

Künstliche Intelligenz (KI) lässt sich anhand ihrer Fähigkeiten, Funktionalität und ihres Anwendungsbereichs in verschiedene Kategorien einteilen. Diese Klassifizierungen dienen als Rahmen, um die verschiedenen Intelligenzebenen der KI-Strukturen und ihre Fähigkeit zur Aufgabenerfüllung – von einfacher Automatisierung bis hin zu komplexen Auswahlprozessen – zu erfassen. Im Großen und Ganzen lässt sich KI in drei Klassen unterteilen: Künstliche Schmalintelligenz (ANI), Künstliche Allgemeine Intelligenz (AGI) und Künstliche Superintelligenz (ASI). Jede dieser

Kategorien stellt einen außergewöhnlichen Grad der KI-Verbesserung mit unterschiedlichen Fähigkeiten und Einschränkungen dar.

Künstliche Intelligenz (ANI), auch Schwache KI genannt, bezeichnet KI-Systeme, die präzise Aufgaben mit hoher Effizienz ausführen, aber über diesen engen Rahmen hinaus Einschränkungen aufweisen. ANI ist die heute am weitesten verbreitete Form von KI und findet sich in vielen Anwendungen wie Sprachassistenten, Bilderkennungssoftware, Beratungssystemen und autonomen Fahrzeugen. Diese KI-Systeme sind darauf programmiert, in einer einzigen Funktion herausragende Leistungen zu erbringen, sei es beim Schachspielen, bei der Diagnose medizinischer Probleme oder bei der Verarbeitung von Natursprache.

ANI-Systeme arbeiten innerhalb vordefinierter Parameter und nutzen zur Erfüllung ihrer Aufgaben Algorithmen und umfassende Datenmengen. Sie sind nicht in der Lage, sich über ihren ursprünglichen Aufbau hinaus an neue Aufgaben anzupassen, was sie zwar hochspezialisiert, aber in ihrem Anwendungsbereich begrenzt macht. Beispielsweise kann eine KI, die darauf trainiert ist, Gesichter zu erkennen, dies mit hoher Genauigkeit tun, kann jedoch keine Aufgaben ausführen, die nichts mit der Reputation des Standes zu tun haben, wie etwa das Übersetzen von Sprachen oder das Führen eines Fahrzeugs.

Das Hauptmerkmal von ANI ist der Verlust von Aufmerksamkeit, Selbstbewusstsein und Wissen, das über die programmierten Kompetenzen hinausgeht. Obwohl ANI Intelligenz in bestimmten Bereichen simulieren kann, verfügt es nicht über die Fähigkeit, das Umfeld ganzheitlich zu verstehen. Dennoch haben sich ANI-Systeme als recht leistungsstark erwiesen und werden sich in zahlreichen Branchen durch Automatisierung von Strategien und Produktivitätssteigerungen weiter verbreiten.

Künstliche Allgemeine Intelligenz, auch Starke KI genannt, stellt einen höheren Grad an Künstlicher Intelligenz dar, der darauf abzielt, menschliche kognitive Kompetenzen nachzuahmen. Im Gegensatz zu ANI, das auf präzise Aufgaben beschränkt ist, verfügt AGI über die Fähigkeit, Erkenntnisse in einer Vielzahl von Domänen zu erfassen, zu untersuchen und anzuwenden. AGI-Systeme sind so konzipiert, dass sie neue Situationen genauso verursachen, Probleme lösen und sich an sie anpassen wie Menschen.

Eine künstliche Intelligenz (AGI) kann jede intellektuelle Aufgabe ausführen, die auch ein Mensch bewältigen kann. Sie kann neue Fähigkeiten erlernen, ohne dafür explizit programmiert zu sein, Muster in ungewöhnlichen Kontexten erkennen und ihr Wissen von einem Bereich auf einen anderen übertragen. Beispielsweise kann eine künstliche Intelligenz nicht nur Gesichter oder Sprache verstehen, sondern auch abstrakte Prinzipien begreifen, kritisch denken und

Entscheidungen auf der Grundlage komplexer Schlussfolgerungen treffen.

Das wichtigste Unterscheidungsmerkmal von AGI ist ihre Vielseitigkeit. Während ANI auf die Wahrnehmung bestimmter Aufgaben beschränkt ist, kann AGI mehrere Domänen abdecken und allgemeine Problemlösungsfähigkeiten aufweisen. Obwohl AGI-Systeme noch theoretisch sind und noch nicht erforscht wurden, stellen sie die nächste Stufe der KI-Forschung dar. Die Entwicklung von AGI könnte einen transformativen Meilenstein darstellen, da sie Maschinen mit kognitiven Fähigkeiten ähnlich denen des Menschen hervorbringen und möglicherweise Industrie, Gesellschaft und sogar unser Wissen grundlegend verändern könnte.

Künstliche Superintelligenz (KSI) bezeichnet eine hypothetische Form der KI, die die menschliche Intelligenz in nahezu allen Bereichen übertrifft, darunter Kreativität, Problemlösung, Entscheidungsfindung und emotionale Intelligenz. KSI übertrifft den Menschen möglicherweise nicht nur in bestimmten Aufgaben, sondern verfügt auch über die Fähigkeit, abstrakt zu denken, über ein überlegenes Denkvermögen zu verfügen und Entscheidungen auf für Menschen unerreichbare Weise zu treffen.

Das Konzept der künstlichen Intelligenz (ASI) basiert auf der Annahme, dass KI, sobald sie das Niveau einer künstlichen Intelligenz (AGI) erreicht, ihre Fähigkeiten potenziell in beschleunigtem Tempo verbessern und schließlich die menschliche Intelligenz übertreffen kann. ASI könnte jedes Fachgebiet revolutionieren, von der Medizin und Weltraumforschung bis hin zu Wirtschaft und Kunst. Die Geschwindigkeit, mit der ASI komplexe globale Probleme wie Klimawandel, Pandemien und wirtschaftliche Ungleichheit lösen kann, ist eine der spannendsten Möglichkeiten ihrer Entwicklung.

ASI wirft jedoch auch erhebliche Bedenken und ethische Dilemmata auf. Die Leistungsfähigkeit und Autonomie eines ASI-Geräts würde die menschlicher Entscheidungsträger wahrscheinlich deutlich übertreffen, was zu Missbrauchsrisiken, Manipulationsproblemen und unerwarteten Folgen führen könnte. Da ASI möglicherweise in der Lage ist, Menschen zu überlisten und zu übertreffen, hängen ihre Auswirkungen auf die Gesellschaft davon ab, wie sie mit menschlichen Werten, ethischen Erwägungen und regulatorischen Rahmenbedingungen vereinbar ist. Die Entwicklung von ASI ist ein Thema anhaltender Debatten, wobei einige Experten die Bedeutung von Vorsicht und sorgfältiger Überwachung betonen, um sicherzustellen, dass ihre Entwicklung von Nutzen ist und keine existenziellen Gefahren birgt.

Neben den Hauptkategorien ANI, AGI und ASI können KI-Systeme auch anhand ihrer Funktionalitäten klassifiziert werden. Diese Klassifizierungen konzentrieren sich auf die Fähigkeit der KI, mit ihrer Umgebung zu interagieren,

Entscheidungen zu treffen und aus Erfahrungen zu lernen. Zwei wichtige Unterkategorien sind reaktive Maschinen und KI mit begrenztem Speicher.

Reaktive Maschinen sind KI-Systeme, die auf präzise Reize oder Eingaben in vordefinierter Weise reagieren können, sich aber nicht an vergangene Interaktionen erinnern. Diese Maschinen lernen nicht aus früheren Erfahrungen und können ihre Leistung im Laufe der Zeit nicht verbessern. Sie werden typischerweise in Situationen eingesetzt, in denen stabile, wiederholbare Bewegungen erforderlich sind, beispielsweise in grundlegenden Automatisierungssystemen oder in bestimmten Bereichen der Robotik.

KI-Systeme mit begrenztem Speicher sind jedoch darauf ausgelegt, vergangene Berichte zu speichern und für zukünftige Entscheidungen zu nutzen. Diese KI-Systeme sind in der Lage, aus Aufzeichnungen zu lernen und ihr Verhalten entsprechend anzupassen. Beispielsweise gelten Systemlernalgorithmen, die sich im Laufe der Jahre durch das Lesen früherer Aufzeichnungen verbessern, als KI-Systeme mit begrenztem Speicher.

Künstliche Intelligenz lässt sich anhand ihrer Funktionalität in verschiedene Typen einteilen: von der einfachen, schlanken Intelligenz, die auf präzise Aufgaben spezialisiert ist, bis hin zur breiteren, anpassungsfähigeren, allgemein anerkannten Intelligenz, die menschliches Denken nachahmt. Superintelligenz, selbst in der Theorie, vermittelt die Vision von Maschinen, die menschliche Fähigkeiten übertreffen, und löst Diskussionen über ihre potenziellen Risiken und Vorteile aus. Die kontinuierliche Entwicklung der KI in all diesen Formen verändert weiterhin Branchen, Gesellschaften und unser Verständnis von Intelligenz selbst. Da sich die KI weiterhin anpasst, wird ihre Form wahrscheinlich noch differenzierter werden, was die zunehmende Komplexität der entwickelten Systeme widerspiegelt.

1.3. Unterschiede zwischen menschlicher und künstlicher Intelligenz

Der Vergleich zwischen menschlicher und künstlicher Intelligenz (KI) ist ein zentrales Thema in der Entwicklung der KI-Technologie und der Kognitionswissenschaft. Sowohl menschliche als auch künstliche Intelligenz sind in der Lage, Aufgaben im Zusammenhang mit Lernen, Denken, Problemlösung und Entscheidungsfindung zu erfüllen. Dennoch gibt es wesentliche Unterschiede in der Funktionsweise, im Umgang mit Daten und in der Anpassung an die Umgebung. Diese Unterschiede ergeben sich aus der Natur der menschlichen Kognition, Wahrnehmung, Emotionen und dem aktuellen Stand der KI-Technologien.

Einer der tiefgreifendsten Unterschiede zwischen menschlicher Intelligenz und KI liegt in der Natur der

Wahrnehmung selbst. Menschliche Intelligenz beschränkt sich nicht immer nur auf die Verarbeitung statistischer Daten; sie ist eng mit Gefühlen, subjektiven Erfahrungen und Bewusstsein verknüpft. Menschen denken nicht nur logisch, sondern auch intuitiv und nutzen Gefühle und eine Vielzahl sensorischer Eingaben zur Entscheidungsfindung. Bewusstsein, also die Fähigkeit, sich seiner selbst bewusst zu sein und über die eigenen Gedanken und Handlungen nachzudenken, ist ein Schlüsselaspekt menschlicher Intelligenz. Menschen können abstrakte Ideen, einschließlich des Sinns des Lebens, reflektieren und Entscheidungen treffen, die von komplexen sozialen, moralischen und emotionalen Faktoren beeinflusst werden.

Im Gegensatz dazu fehlt der künstlichen Intelligenz, zumindest in ihrer modernen Form, das Bewusstsein. KI-Systeme verarbeiten Statistiken ausschließlich auf der Grundlage vordefinierter Algorithmen und statistischer Muster, besitzen jedoch weder Selbstbewusstsein noch Gefühle. Sie sind sich ihres Lebens nicht bewusst und können auch nicht introspektiv sein. KI kann zwar intelligent erscheinendes Verhalten simulieren, wie das Erkennen von Objekten, das Erlernen von Sprache oder das Spielen von Videospielen, tut dies jedoch ohne zugrunde liegende subjektive Erfahrung. KI operiert rein funktional und führt Anweisungen ausschließlich basierend auf Daten ohne emotionalen oder moralischen Kontext aus.

Menschliche Intelligenz zeichnet sich durch die Fähigkeit aus, Erfahrungen flexibel und kontextbezogen zu analysieren. Menschen lernen durch Beobachtung, Ausprobieren und Fehler, soziale Interaktion und Intuition und können sich schnell an neue Bedingungen anpassen, wobei sie sich häufig auf gesunden Menschenverstand und logisches Denken verlassen. Menschliches Lernen wird zudem stark durch soziale und kulturelle Kontexte motiviert, die prägen, wie Menschen die Welt um sie herum interpretieren und darauf reagieren.

KI, insbesondere in ihrer aktuellen Form, lernt eher abhängig, üblicherweise durch Techniken wie maschinelles Lernen und Deep Learning. Dabei werden große Datenmengen in Algorithmen eingespeist, die dann Muster erkennen und Vorhersagen treffen. KI-Systeme können zwar im Laufe der Jahre lernen und sich verbessern, ihre Beherrschung ist jedoch meist auf bestimmte Aufgaben beschränkt, für die sie qualifiziert sind. KI kann Schwierigkeiten haben, Wissen über verschiedene Domänen hinweg zu übertragen – was in einem Kontext gelernt wurde, lässt sich nicht ohne weiteres auf einen anderen übertragen, es sei denn, es wurde explizit programmiert oder umgeschult. Beispielsweise kann eine KI, die im Schachspielen trainiert wurde, ihr Wissen ohne zusätzliches Training nicht auf Aufgaben wie die Verarbeitung natürlicher Sprache oder selbstfahrende Autos übertragen.

Darüber hinaus fehlt dem KI-Lernen oft die Tiefe des menschlichen Lernens. KI-Systeme können Menschen zwar bei Aufgaben, die große Datenmengen verarbeiten, übertreffen, beispielsweise bei der Erkennung von Mustern in der wissenschaftlichen Bildgebung oder beim Spielen von Videospielen. Sie verfügen jedoch nicht über das gleiche Maß an Kreativität, Intuition und Problemlösungsfähigkeiten wie Menschen in komplexeren, realen Szenarien. KI zeichnet sich in der Regel in engen, spezialisierten Bereichen aus, hat aber Schwierigkeiten mit Aufgaben, die umfangreiches Kontextwissen oder Urteilsvermögen erfordern.

Menschliche Intelligenz zeichnet sich durch ihre Fähigkeit zur komplexen Problemlösung und Kreativität aus. Menschen können Probleme aus verschiedenen Blickwinkeln betrachten, abstrakt denken und selbst in unerwarteten Situationen innovative Lösungen finden. Sie können Probleme lösen, indem sie Urteilsvermögen, Intuition und Emotionen kombinieren und Entscheidungen treffen, die von persönlichen Studien, Werten und ethischen Fragen inspiriert sind. Menschliche Kreativität ermöglicht die Entwicklung neuer Ideen, kreativen Ausdrucks und die Entdeckung nie dagewesener Technologien.

KI hingegen beschränkt sich in der Regel auf die Lösung von Problemen innerhalb klar definierter Parameter. KI kann zwar für präzise Problemlösungsaufgaben trainiert werden, verlässt sich dabei aber eher auf Statistiken und Algorithmen als auf Kreativität oder Instinkt. KI kann beispielsweise neue Kunstwerke oder Musik basierend auf Mustern in bestehenden Werken generieren, „kreiert" aber nicht wie Menschen, da ihr die subjektive Wahrnehmung von Wahrnehmung oder Ursache fehlt. KI-generierte Inhalte sind größtenteils eine Rekombination oder Variation bereits vorhandener Muster und nicht das Ergebnis moderner Befragungs- oder authentischer Wahrnehmungsverfahren.

In Bereichen wie klinischen Studien kann KI helfen, neue Antworten zu finden, beispielsweise bei der Erkennung von Mustern in biologischen Aufzeichnungen oder der Simulation chemischer Reaktionen. Die Art und Weise, Hypothesen zu generieren oder völlig neue Theorien zu entwickeln, bleibt jedoch eine einzigartige menschliche Eigenschaft. Die Fähigkeiten der KI zur Problemlösung basieren in erster Linie auf den ihr zur Verfügung stehenden Daten und den von ihr verwendeten Algorithmen. Gleichzeitig beinhaltet die menschliche Problemlösung eine Vielzahl emotionaler, sozialer und ethischer Bedenken, die KI nicht widerspiegeln kann.

Ein weiterer wesentlicher Unterschied zwischen menschlicher Intelligenz und KI ist die emotionale und soziale Intelligenz. Menschen werden stark von Gefühlen beeinflusst, und diese spielen eine wesentliche Rolle bei Entscheidungen, Beziehungen und sozialen Interaktionen. Menschen sind zu Empathie fähig, verstehen die emotionalen Zustände anderer und passen ihr Verhalten entsprechend an. Soziale Intelligenz ermöglicht es Menschen, komplexe soziale Dynamiken zu meistern, Konflikte zu lösen und Beziehungen aufzubauen, die auf Übereinstimmung und Kooperation basieren.

KI-Systeme können zwar Aspekte des menschlichen Gefühlsausdrucks simulieren, einschließlich der Reaktion auf Stimmlage oder Mimik, erfassen oder erleben Gefühle jedoch nicht wirklich. KI kann zwar Emotionen in Texten oder Sprache verstehen und entsprechend reagieren, allerdings handelt es sich dabei um eine programmierte Reaktion und nicht um eine echte emotionale Reaktion. KI empfindet weder Freude noch Enttäuschung, Angst oder Mitgefühl, und ihr Verständnis sozialer Dynamiken beschränkt sich auf die Muster, die sie zu erkennen gelernt hat.

Dieser Verlust an emotionaler und sozialer Intelligenz bedeutet, dass KI-Systeme nicht in authentischen menschlichen Beziehungen interagieren oder Entscheidungen treffen können, die menschliche Emotionen in der gleichen Weise berücksichtigen wie Menschen. KI kann zwar hilfreich sein, um objektive Analysen zu liefern oder logisch basierte Handlungsempfehlungen zu geben, doch fehlt ihr das differenzierte Verständnis menschlichen Verhaltens, das aus gelebter Erfahrung und emotionaler Intelligenz resultiert.

Menschen sind in der Lage, ethische und moralische Entscheidungen auf der Grundlage von Standards, Werten und gesellschaftlichen Normen zu treffen. Die menschliche Moral wird häufig durch Kultur, Religion, Erziehung und persönliche Erfahrungen geprägt. Diese moralischen Rahmenbedingungen leiten menschliche Entscheidungen, insbesondere in komplexen Situationen, in denen verschiedene Aspekte, darunter Gleichheit, Gerechtigkeit und Mitgefühl, abgewogen werden müssen. Menschen können auch ethisch urteilen, die langfristigen Auswirkungen ihrer Handlungen berücksichtigen und Urteile auf der Grundlage ihres Wissens über Richtig und Falsch fällen.

KI ist jedoch nicht immer von Natur aus mit moralischen Argumenten ausgestattet. KI-Strukturen können zwar so programmiert werden, dass sie ethischen Richtlinien entsprechen, ihre Entscheidungsfindung basiert jedoch ausschließlich auf Algorithmen und Daten. Beispielsweise können autonome Autos so programmiert werden, dass die Sicherheit der Passagiere im Vordergrund steht, ihnen fehlt jedoch die moralische Argumentation, um Entscheidungen zu treffen, die in erster Linie auf Empathie oder menschlichen moralischen Bedenken in unvorhersehbaren Situationen beruhen. Die ethischen Dilemmata rund um KI beinhalten Debatten darüber, wie Maschinen eingesetzt werden können, um Entscheidungen zu treffen, die mit menschlichen Werten im Einklang stehen, insbesondere in Situationen, in denen es um Leben und Tod geht oder in denen widersprüchliche Interessen im Spiel sind.

KI ist letztlich ein von Menschen geschaffenes Werkzeug, dessen moralischer Rahmen davon abhängt, wie Menschen sie gestalten und nutzen. Die Debatte über KI und Ethik unterstreicht die Herausforderungen, sicherzustellen, dass KI-Systeme wahrheitsgetreu, transparent und im Einklang mit gesellschaftlichen Normen funktionieren.

Obwohl KI und menschliche Intelligenz gewisse Ähnlichkeiten in der Datenverarbeitung und Aufgabenerfüllung aufweisen, sind die Unterschiede zwischen ihnen tiefgreifend. Menschliche Intelligenz ist vielschichtig und umfasst Bewusstsein, Emotionen, Kreativität, soziale Interaktionen und ethisches Denken. KI hingegen agiert in einem engen, durch Algorithmen und Statistiken definierten Rahmen und ohne Selbstaufmerksamkeit, Emotionen oder ethische Kompetenz. Mit der fortschreitenden KI-Entwicklung könnte sich die Kluft zwischen menschlicher und künstlicher Intelligenz in einigen Bereichen verringern. Die wesentlichen Unterschiede in der Art des Denkens und Erlebens werden jedoch weiterhin ein bestimmendes Merkmal menschlicher Kognition bleiben.

1.4. Historischer Überblick über die Entwicklung der KI

Die Entwicklung künstlicher Intelligenz ist eine Geschichte der Kollision menschlicher Vorstellungskraft mit mathematischer Präzision, rechnerischem Einfallsreichtum und philosophischer Forschung. Von ihren mythologischen und konzeptionellen Wurzeln bis zu den fortschrittlichen neuronalen Netzwerken des 21. Jahrhunderts hat sich die KI durch eine Kette visionärer Ideen, theoretischer Grundlagen, experimenteller Implementierungen und bahnbrechender Durchbrüche weiterentwickelt. Die Rückverfolgung ihrer Geschichte zeigt nicht nur die Meilensteine des technologischen Fortschritts, sondern beleuchtet auch die üblichen Themen wie Optimismus, Skepsis und die ständige Neudefinition dessen, was Intelligenz wirklich bedeutet.

Die frühesten Wurzeln künstlicher Intelligenz liegen nicht in Code oder Silizium, sondern in Mythen und Legenden. Die antike griechische Mythologie spricht von Talos, einem bronzenen Automaten, der von Hephaistos zum Schutz der Insel Kreta erbaut wurde. Einer chinesischen Legende zufolge schuf Yan Shi für König Mu eine humanoide Gestalt, die angeblich laufen und singen konnte. Diese Erinnerungen offenbaren eine anhaltende Faszination für die Entwicklung künstlicher Wesen und spiegeln die menschliche Vorliebe wider, Vertrauen durch Denken und Handeln zu erfüllen.

Im islamischen Goldenen Zeitalter entwickelten Universalgelehrte wie Al-Jazari mechanische Geräte, die menschliches oder tierisches Verhalten nachahmten. Sein 1206 erschienenes „Buch des Wissens über raffinierte mechanische Geräte" umfasste Wasseruhren und Automaten mit Zahnrädern und hydraulischen Strukturen und zeigte, dass programmierbares, geräteähnliches Verhalten Jahrhunderte vor elektronischen Computern möglich war.

Philosophen wie René Descartes und Thomas Hobbes legten im 17. Jahrhundert den Grundstein für die Betrachtung des menschlichen Denkens als mechanisches System. Descartes betrachtete Tiere als Automaten, während Hobbes mit seiner berühmten Aussage „Ursache ist nichts anderes als Berechnung" die rechnerische Sichtweise der Erkenntnis vorwegnahm.

Das 19. Jahrhundert lieferte die für die KI entscheidende mathematische Infrastruktur. George Booles formaler gesunder Menschenverstand und Gottlob Freges symbolische Logik wurden für das Informationsschlussfolgern als symbolischen Prozess unverzichtbar. Charles Babbage, der oft als Vater des Computers gilt, und Ada Lovelace, die erste Programmiererin der Welt, schätzten programmierbare Maschinen, die Symbole jenseits von Zahlen manipulieren konnten – eine Idee, die direkt in die symbolische KI-Mode des 20. Jahrhunderts einfließt.

Der entscheidende Sprung in die Computertheorie erfolgte mit Alan Turing. 1936 präsentierte Turing die Idee der Turingmaschine, eines theoretischen Konstrukts, das jede Berechnung durchführen konnte. Seine 1950 erschienene Arbeit „Computing Machinery and Intelligence" lieferte den Turing-Test, der zu einem grundlegenden philosophischen und praktischen Maßstab für künstliche Intelligenz wurde. Turing betrachtete KI nicht nur als Möglichkeit, sondern als unvermeidliches Ergebnis von Rechenleistung und Lernprozessen.

Der Zweite Weltkrieg förderte die Entwicklung früher Rechenmaschinen, darunter ENIAC und Colossus, die zum Entschlüsseln von Codes und für ballistische Berechnungen eingesetzt wurden. Diese Großmaschinen legten den Grundstein für Denkmaschinen, indem sie bewiesen, dass elektronische Geräte komplexe Befehle verarbeiten können.

Künstliche Intelligenz als eigenständige wissenschaftliche Disziplin entstand Mitte des 20. Jahrhunderts. Die Dartmouth-Konferenz von 1956, die von John McCarthy, Marvin Minsky, Nathaniel Rochester und Claude Shannon vorbereitet wurde, gilt weithin als Geburtsstunde der KI. McCarthy prägte den Begriff „Künstliche Intelligenz", und die Institution schlug mutig vor, dass „jede Komponente des Lernens oder jedes andere Merkmal der Intelligenz im Prinzip so präzise definiert werden kann, dass eine Maschine es simulieren kann".

Diese Ära, oft als klassische oder symbolische KI-Ära bezeichnet, konzentrierte sich auf die Anwendung formalen Wissens und symbolischer Regeln zur Simulation logischem Denken. Programme wie der Logic Theorist (1956) von Allen Newell und Herbert A. Simon sollten mathematische Theoreme beweisen, während ELIZA (1964–66), eine frühe Maschine zur Verarbeitung natürlicher Sprache von Joseph

Weizenbaum, einen rogerianischen Psychotherapeuten nachahmte.

Zu diesem Zeitpunkt war die KI-Forschung von Optimismus geprägt. Viele glaubten, dass Intelligenz auf menschlichem Niveau erst in einigen Jahrzehnten erreicht werden könne. US-Regierung und Militär investierten massiv in KI-Labore am MIT, in Stanford und an der Carnegie Mellon University.

Die Realität erwies sich jedoch als hartnäckiger. Frühe KI-Systeme konnten zwar fundierte Probleme lösen, scheiterten jedoch dramatisch an den Anomalien und Nuancen realer Umgebungen. Programme konnten Schach spielen oder Denkaufgaben lösen, konnten aber weder Gesichter erkennen, Sprache in lauten Umgebungen verstehen noch Sprache kontextgenau übersetzen.

Der Engpass im Bereich der Fachkompetenz wurde deutlich: Symbolische KI-Systeme erforderten enorme Mengen handcodierter Regeln, die anfällig und domänenspezifisch waren. Zudem war die Rechenleistung der Hardware noch nicht ausreichend, um größere dynamische Modelle zu unterstützen.

Es machte sich Ernüchterung breit. Der Lighthill-Bericht im Vereinigten Königreich (1973) und eine Kürzung der US-Finanzierung führten zum ersten KI-Winter, einer Zeit geringeren Interesses, geringerer Investitionen und geringerer Entwicklung in diesem Bereich.

KI gewann in den 1980er Jahren durch die Entwicklung von Expertensystemen – Programmen, die die Entscheidungskompetenz menschlicher Experten nachahmten – wieder an Bedeutung. MYCIN, ein frühes Expertensystem, das in Stanford entwickelt wurde, konnte bakterielle Infektionen diagnostizieren und Antibiotika mit hoher Genauigkeit empfehlen. Diese Systeme nutzten regelbasiertes Urteilsvermögen und Inferenzmaschinen zur Entscheidungsfindung und erwiesen sich in Bereichen wie der klinischen Diagnostik, der Mineralienexploration und der Finanzprognose als kommerziell praktikabel.

Dieses Wiederaufleben des Hobbys führte zu umfangreichen industriellen Investitionen. Japans Projekt „50th Generation Computer Systems" zielte darauf ab, intelligente Maschinen mithilfe von Logikprogrammierung und Parallelverarbeitung zu entwickeln, und westliche Länder reagierten mit erneuter Finanzierung.

Professionelle Strukturen litten jedoch unter Skalierbarkeitsproblemen. Wie frühere symbolische KI waren sie schwer zu verwalten und anzupassen. Mit zunehmender Komplexität der realen Welt erwiesen sich diese Strukturen als starr und fehleranfällig. Ende der 1980er Jahre geriet die KI erneut in eine Phase der Skepsis – der zweite KI-Winter.

Aus der Asche der symbolischen KI erhob sich ein neues Paradigma: maschinelles Lernen. Anstatt Intelligenz mit logischen Regeln zu kodieren, begannen Forscher, Algorithmen zu entwickeln, die aus Daten lernen konnten. Dieser Wandel wurde teilweise durch die zunehmende Rechenleistung und die Verfügbarkeit riesiger Datensätze ermöglicht.

Zu den wichtigsten Techniken zählten Entscheidungsbäume, Assistenzvektormaschinen und Bayes-Netze. Besonders wichtig ist vielleicht, dass neuronale Netze, die von der Gehirnform inspiriert sind, nach jahrelanger weitgehender Benachteiligung vielversprechend wurden. Obwohl frühe neuronale Netze (wie Perceptrons) noch an ihre Grenzen stießen, ermöglichte die Entwicklung der Backpropagation in den 1980er Jahren mehrschichtigen Netzwerken die Untersuchung komplexerer Muster.

Während dieser Zeit machte die KI stille, aber enorme Fortschritte in Bereichen wie:

• Optische Personenerkennung (OCR)

• Spam-Filterung

• Empfehlungsstrukturen

• Kredit-Scoring

Obwohl KI noch nicht im Fokus der Öffentlichkeit stand, hat sie sich bereits in alltägliche Anwendungen integriert.

Die eigentliche Explosion der KI im öffentlichen Bewusstsein erfolgte durch den Aufschwung des Deep

Learning, einem Teilgebiet des maschinellen Lernens, das tiefe neuronale Netzwerke mit vielen Schichten nutzt. Dies wurde vorangetrieben durch:

• Unmengen an Statistiken aus dem Netz und von Sensoren

• Erschwingliche, leistungsstarke GPUs

• Innovationen in Struktur und Optimierungsalgorithmen

Im Jahr 2012 übertraf AlexNet, ein von Alex Krizhevsky entwickeltes Convolutional Neural Network, im ImageNet-Wettbewerb herkömmliche Computer-Vision-Systeme deutlich. Dies markierte den Beginn eines neuen goldenen Zeitalters der KI.

Die Durchbrüche folgten in rascher Folge:

• AlphaGo (DeepMind, 2016) besiegte internationale Go-Meister durch den Einsatz von Deep-Response-Learning.

• GPT-2 und GPT-3 (OpenAI, 2019–2020) haben im Sprachzeitalter bemerkenswerte Fähigkeiten etabliert.

• BERT (Google, 2018) konvertierte Informationen in natürlicher Sprache.

• DALL-E, Stable Diffusion und CLIP öffneten die Tür zu KI-generierten Bildern.

• ChatGPT (OpenAI, 2022) hat Millionen von Fingern eine Konversations-KI hinzugefügt.

Branchen vom Gesundheitswesen bis zur Logistik, von der Freizeit bis zur Rechtswissenschaft begannen, Systeme auf Basis von Deep Learning zu integrieren. Autonome Motoren,

Sprachassistenten, die klinische Bilddiagnostik, die Finanzmodellierung und die Content-Entwicklung haben sich grundlegend verändert.

In den 2020er Jahren erlebten Basismodelle einen Aufschwung – riesige Modelle, die auf modernen Daten basieren, wie GPT-4 von OpenAI, Gemini von Google DeepMind und Claude von Anthropic. Diese Modelle zeigen emergente Fähigkeiten: Sie übernehmen Aufgaben, für die sie nicht explizit ausgebildet wurden, vom Programmieren bis zum Komponieren von Musik.

Gleichzeitig haben sich die Probleme verschärft. Fragen der Voreingenommenheit, Fehlinformationen, der KI-Ausrichtung und der existenziellen Bedrohung stehen sowohl in akademischen als auch in politischen Diskussionen im Mittelpunkt. Regierungen arbeiten mit Hochdruck an der Ausarbeitung von KI-Regeln. Der KI-Act der Europäischen Union, die Executive Orders der USA und globale Gipfeltreffen wie der KI-Sicherheitsgipfel in Großbritannien spiegeln das wachsende Bewusstsein wider, dass KI heute nicht mehr nur ein Werkzeug ist – sondern eine Kraft, die Gesellschaften, Volkswirtschaften und die Geopolitik prägt.

Die Geschichte der KI ist keine unmittelbare Richtung, sondern ein komplexes Feld aus Ambitionen, Misserfolgen, Neuerfindungen und Beschleunigung. Von historischen Mythen bis hin zu Quantenprozessoren, von auf gesundem

Menschenverstand basierenden Theoremen bis hin zu Transformatorarchitekturen – die Entwicklung der KI spiegelt das unermüdliche Streben der Menschheit wider, Intelligenz zu verstehen und zu replizieren. Da wir an der Grenze der modernen künstlichen Intelligenz stehen, erinnern uns die Aufzeichnungen der KI nicht nur daran, wie weit wir gekommen sind, sondern auch daran, wie eng unsere technologischen Ziele mit unseren innersten philosophischen Fragen verknüpft sind.

1.5. Schlüsseltechnologien für KI (z. B. maschinelles Lernen, Deep Learning)

Künstliche Intelligenz ist keine singuläre Technologie, sondern ein System interdependenter wissenschaftlicher Konzepte, Algorithmen und Computerarchitekturen, die es Maschinen ermöglichen, Aspekte menschlicher Intelligenz zu emulieren oder sogar zu übertreffen. Die Transformation der KI von einem theoretischen Konzept zu einer praktischen Anwendung wurde durch eine Reihe technologischer Entwicklungen vorangetrieben – jede baut auf den anderen auf und bildet so eine solide Grundlage. Maschinenlernen und tiefgreifendes Lernen sind dabei wichtige Säulen, werden jedoch durch ebenso wichtige Fortschritte in der Datenverarbeitung, der Architektur neuronaler Netze, der Hardwarebeschleunigung, der natürlichen Sprachkompetenz und vielem mehr ergänzt. Das Verständnis der Technologien, die KI antreiben, ist entscheidend, um ihre aktuellen Fähigkeiten zu erfassen und ihre zukünftige Entwicklung vorherzusehen.

Maschinelles Lernen (ML) ist die Kerntechnologie, die die KI von symbolischen Urteilssystemen zu adaptiven, datengesteuerten Systemen entwickelt hat. Im Gegensatz zur traditionellen Programmierung, bei der Anweisungen explizit codiert werden, ermöglicht maschinelles Lernen Systemen, Muster und Regeln direkt aus Daten abzuleiten. Beim überwachten Lernen werden Algorithmen an kategorisierten Datensätzen trainiert, was Aufgaben wie Bildklassifizierung, Spam-Erkennung oder Kreditausfallvorhersage ermöglicht. Unüberwachtes Lernen hingegen findet Strukturen in unbeschrifteten Daten und eignet sich daher gut für Clustering, Anomalieerkennung und Dimensionsreduktion. Bestärkendes Lernen führt eine agentenbasierte Version ein, in der Systeme durch Versuch und Irrtum, geleitet von Belohnungen, zuverlässigste Verhaltensweisen erlernen – und ebnet so den Weg für Anwendungen wie Robotik und strategisches Glücksspiel.

Unter allen ML-Paradigmen stellt Deep Learning den größten Sprung der letzten Jahrzehnte dar. Inspiriert vom geschichteten Aufbau des menschlichen Gehirns basiert Deep Learning auf künstlichen neuronalen Netzwerken mit mehreren Schichten – daher der Begriff „tief" –, um hierarchische

Datendarstellungen zu analysieren. Tiefe neuronale Netzwerke (DNNs) haben Bereiche revolutioniert, darunter Computervision, wo Convolutional Neural Networks (CNNs) dominieren; natürliche Sprachverarbeitung, wo rekurrente neuronale Netzwerke (RNNs) und Long Short-Term Memory (LSTM) die Mensch-Maschine-Kommunikation neu definiert haben. In jüngerer Zeit haben transformerbasierte Modelle wie BERT und GPT die Mensch-Maschine-Kommunikation neu definiert. Deep Learning zeichnet sich dadurch aus, dass es automatisch Merkmale aus Rohdaten extrahieren kann, wodurch manuelle Funktionsentwicklung überflüssig wird und Modelle komplexere und abstraktere Muster erfassen können.

Transformer, die 2017 in der Arbeit „Attention is All You Need" vorgestellt wurden, bilden wohl das Rückgrat modernster KI. Diese Modelle nutzen Self-Attention-Mechanismen, um ganze Sequenzen gleichzeitig statt schrittweise abzuarbeiten. Dies ermöglicht eine deutlich stärkere Parallelisierung und kontextbezogenes Wissen. Transformer bilden die Grundlage für aktuelle Big Language Models (LLMs) wie GPT-4, die zusammenhängenden Text generieren, Sprachen übersetzen, Code schreiben und sogar Denkfähigkeiten aufweisen können, die einer allgemeinen Intelligenz ähneln. Die Transformer-Architektur wurde mit Modellen wie Vision Transformer (ViT) auch auf Computer Vision erweitert, wodurch die KI über verschiedene Modalitäten hinweg weiter vereinheitlicht wird.

Der Schlüssel zum Erfolg von ML und Deep Learning liegt in der explosionsartigen Zunahme an Daten und der Infrastruktur zu deren Verarbeitung. Das digitale Zeitalter hat riesige Mengen strukturierter und unstrukturierter Daten hervorgebracht, von Sensordaten und sozialen Medien über biomedizinische Bildgebung bis hin zu Finanztransaktionen. Hochwertige Datensätze wie ImageNet, Common Crawl und Wikipedia sind zur Lernplattform für KI-Systeme geworden. Gleichzeitig ermöglichen Big Data-Technologien wie Apache Hadoop und Spark die Verwaltung und Manipulation dieser Daten in großem Maßstab. Ohne Daten ist Lernen unmöglich – daher sind Informationstechnik und Datenkuratierung zu grundlegenden Faktoren der KI-Entwicklung geworden.

Die Bedeutung der Hardwarebeschleunigung kann nicht hoch genug eingeschätzt werden. Das Training tiefer neuronaler Netze ist rechenintensiv und erfordert oft Milliarden von Matrixoperationen in großen Datensätzen. Grafikprozessoren (GPUs), ursprünglich für das Rendern von Bildern entwickelt, erwiesen sich als ideal für die Parallelisierung dieser Berechnungen. Unternehmen wie NVIDIA haben GPUs für Deep Learning angepasst, während Google die Tensor Processing Unit (TPU) entwickelte, einen ASIC (Application-Specific Integrated Circuit), der von Grund auf für KI-Workloads konzipiert wurde. In jüngerer Zeit wurden Facet-KI-Chips entwickelt, um Inferenzen auf Geräten mit begrenzter Leistung auszuführen, darunter Smartphones, IoT-Sensoren und autonome Drohnen.

Ein weiterer wichtiger Bereich ist die Verarbeitung natürlicher Sprache (NLP), die im Bereich Deep Learning und Transformer große Fortschritte erzielt hat. Traditionelle regelbasierte NLP-Strukturen hatten mit Mehrdeutigkeiten, Redewendungen und Kontext zu kämpfen. Moderne KI-Modelle können jedoch Stimmungen verstehen, Textinhalte zusammenfassen, zusammenhängende Aufsätze erstellen, Fragen mit Kontext beantworten und sogar mehrstufige Dialoge führen. Technologien wie Worteinbettungen (z. B. Word2Vec, GloVe) legten den Grundstein für kontextbezogenes Wissen, indem sie Wörter als Vektoren im hochdimensionalen Raum darstellten. Transformer trieben dies in ähnlicher Weise voran, indem sie ganze Sequenzen und ihre Abhängigkeiten modellierten und so ein Niveau an Sprachgewandtheit und Verständnis erreichten, das man einst für Jahrzehnte entfernt hielt.

Im Bereich der Computervision haben Convolutional Neural Networks (CNNs) übermenschliche Leistungen in Bereichen wie Bildklassifizierung, Objekterkennung, Gesichtserkennung und Szenenerkennung erzielt. ImageNet, ein Benchmark-Datensatz mit über 14 Millionen kategorisierten Bildern, hat diese Entwicklung vorangetrieben. Die Entwicklung von Deep-Vision-Modellen hat Anwendungen ermöglicht, die von selbstfahrenden Autos und wissenschaftlicher Diagnostik bis hin zu Satellitenbildern und Augmented Reality reichen.

Auch Reinforcement Learning (RL) spielt in der KI-Landschaft eine wichtige Rolle. Dabei lernen Händler durch die Interaktion mit einer Umgebung und optimieren ihr Verhalten basierend auf Feedback. RL war maßgeblich daran beteiligt, KI-Systeme für Videospiele wie Atari, Brettspiele wie Go (z. B. AlphaGo) und die Steuerung von Robotersystemen zu trainieren. Deep Reinforcement Learning kombiniert RL mit Deep Learning, um hochdimensionale Eingaben zu verarbeiten und ermöglicht es Vermarktern, Regeln aus reinen Pixeldaten zu lernen. Diese Fusion hat neue Möglichkeiten für autarke Systeme und adaptive Steuerung eröffnet.

Ein weiterer technologischer Fortschritt, der KI unterstützt, ist das Transferlernen. Traditionell wurden Modelle für jede neue Aufgabe von Grund auf neu trainiert, was enorme Datenmengen und Zeit erforderte. Transferlernen ermöglicht es, ein für eine Aufgabe trainiertes Modell trotz begrenzter Daten an alle anderen anzupassen. Vortrainierte Modelle wie BERT oder GPT können auf spezifische Aufgaben wie Sentimentanalyse oder die Überprüfung von Strafregistern optimiert werden, wodurch der Ressourcenbedarf für die Installation funktionaler KI-Systeme in neuen Bereichen drastisch reduziert wird.

Die Integration von KI in das Internet der Dinge (IoT) und Edge Computing verändert ebenfalls die Funktionsweise und Funktionsweise von Intelligenz. Anstatt sich ausschließlich auf zentralisierte Cloud-Systeme zu verlassen, kann KI nun lokal auf Geräten ausgeführt werden. Dies ermöglicht Entscheidungen in Echtzeit ohne Latenz- oder Verbindungsprobleme. Intelligente Thermostate, tragbare Fitnessmonitore, Industrieroboter und autonome Fahrzeuge nutzen zunehmend On-Tool-Inferenz für Reaktionsfähigkeit und Datenschutz.

Cloud-Computing-Plattformen wie AWS, Google Cloud und Microsoft Azure haben den Zugang zu KI-Technologien demokratisiert. Sie bieten Infrastruktur, Tools und APIs, mit denen Entwickler und Agenturen KI-Modelle erstellen, trainieren und einrichten können, ohne in spezielle Hardware investieren zu müssen. Dies ermöglicht schnelles Experimentieren und Skalierbarkeit und beschleunigt die KI-Innovation branchenübergreifend.

Erklärbare KI (XAI) ist ein aufkommender technologischer Imperativ, der die Funktionsweise komplexer Modelle für Menschen interpretierbar machen soll. Da KI-Systeme zunehmend in anspruchsvollen Bereichen wie Gesundheitswesen, Finanzen und Recht eingesetzt werden, wird das Wissen darüber, wie Entscheidungen getroffen werden, immer wichtiger. Techniken wie SHAP-Werte, LIME und Aufmerksamkeitsvisualisierungen schaffen Transparenz und stellen sicher, dass Modelle überprüft, verlässlich und gegebenenfalls korrigiert werden können.

Schließlich bietet die Schnittstelle zwischen KI und anderen Spitzentechnologien wie Quantencomputing, synthetischer Biologie und Blockchain-Technologien bahnbrechende Möglichkeiten. Das Quantensystem-Lernen steckt zwar noch in den Kinderschuhen, dürfte den Lernprozess aber in Zukunft exponentiell beschleunigen. KI-gestützte künstliche Biologie wird bereits zum Design von Proteinen und zur Entwicklung neuer Therapien eingesetzt. Blockchain-basierte KI-Modelle können dezentrale Intelligenz bereitstellen und so Sicherheit und Datenschutz in kollaborativen KI-Systemen verbessern.

Die Technologien, die KI antreiben, bilden ein dynamisches und vernetztes Geflecht. Maschinelles Lernen und Deep Learning bilden die wichtigsten Antriebskräfte, ihre Fähigkeiten werden jedoch durch Fortschritte in Hardware, Statistiksystemen, Cloud-Architekturen, Sprachmodellen, Bildverarbeitungsnetzwerken und theoretischen Innovationen verstärkt. Diese Technologien funktionieren nicht isoliert voneinander – sie ergänzen sich gegenseitig und bilden die Grundlage für die erstaunliche Vielseitigkeit und Leistungsfähigkeit der heutigen KI. Mit fortschreitender Forschung und Entwicklung werden sich diese grundlegenden Technologien weiterentwickeln, verschmelzen und vielleicht sogar völlig neue Paradigmen vorantreiben, die Intelligenz auf eine Weise neu definieren, die wir heute kaum vorhersagen können.

KAPITEL 2

Künstliche Intelligenz und Gesellschaft

2.1 Die sozialen Auswirkungen der KI

Künstliche Intelligenz (KI) verändert die soziale Landschaft rasant und verändert die Funktionsweise von Menschen, Gemeinschaften und ganzen Gesellschaften. Die umfassende Integration von KI-Technologien in verschiedene Bereiche des täglichen Lebens bietet Herausforderungen und Chancen zugleich. Dieser Wandel wirkt sich auf alles aus, von zwischenmenschlichen Beziehungen bis hin zu politischen Systemen und kulturellen Normen. Die sozialen Auswirkungen der KI sind tiefgreifend, da sie grundlegend verändert, wie wir mit der Zeit, miteinander und mit den Institutionen, die uns regieren, interagieren.

Im Zentrum der sozialen Auswirkungen von KI steht ihr Einfluss auf menschliche Beziehungen. KI-Technologie, insbesondere in Form von Chatbots, virtuellen Assistenten und Roboterbegleitern, ist heute in vielen Bereichen unseres Lebens unverzichtbar. Diese Tools unterstützen nicht nur alltägliche Aufgaben, sondern prägen auch die Art und Weise, wie Menschen kommunizieren, Beziehungen aufbauen und Gemeinschaft genießen.

Beispielsweise sind KI-gesteuerte virtuelle Assistenten wie Siri, Alexa und Google Assistant in Haushalten und Büros allgegenwärtig und ermöglichen ein Maß an Komfort und Konnektivität, das zuvor nicht möglich war. Diese KI-Systeme können Fragen beantworten, Hinweise geben und alltägliche Aufgaben erledigen. Da KI immer besser darin wird, menschliche Emotionen und Gespräche zu verstehen, spielt sie auch eine Rolle bei der sozialen Unterstützung. KI-gestützte Therapie-Apps wie Woebot und Replika sollen emotionale Unterstützung bieten, bedeutungsvolle Gespräche simulieren und Nutzern helfen, ihre Gefühle zu verarbeiten. Diese Systeme können zwar manchen Menschen Einsamkeit lindern, werfen aber auch Fragen über die Natur menschlicher Verbindungen und die potenziellen Gefahren auf, die mit der Ersetzung menschlicher Interaktionen durch KI verbunden sind.

Darüber hinaus hat die Rolle von KI in sozialen Medien einen enormen Einfluss auf menschliches Verhalten und Beziehungen. Soziale Medien wie Facebook, Twitter und Instagram nutzen KI-Algorithmen, um Inhalte zu kuratieren, Nutzerpräferenzen zu erkennen und Engagement zu fördern. Dies hat zu einem Anstieg von Echokammern geführt, in denen Menschen nur mit Ansichten konfrontiert werden, die ihren persönlichen Ansichten entsprechen, was gesellschaftliche Spaltungen möglicherweise vertieft. Die Algorithmen, die diese Plattformen steuern, können die Art und Weise beeinflussen, wie Menschen miteinander interagieren, Meinungen prägen oder sogar politische Auswirkungen haben. Da KI in unserem digitalen Leben weiterhin eine wichtige Rolle spielt, wird ihr Einfluss auf die soziale Dynamik aller Wahrscheinlichkeit nach zunehmen und neue Formen der Kommunikation und Verbindung schaffen, die die Grenzen zwischen Mensch und Gerät verwischen.

KI trägt auch zu erheblichen Veränderungen sozialer Strukturen bei, insbesondere im Hinblick auf Machtdynamiken und Ungleichheiten. Der branchenübergreifende Einsatz von KI hat zu Automatisierung geführt, was zwar die Produktivität steigert, aber auch zu einer Arbeitsplatzverlagerung für viele Arbeitnehmer führt. Ganze Branchen, darunter Fertigung und Kundenservice, sind zunehmend auf KI-Strukturen angewiesen. Dadurch entsteht eine Kluft zwischen denjenigen, die über die nötigen Kompetenzen verfügen, sich an KI-getriebene Branchen anzupassen, und denjenigen, die von diesen technologischen Fortschritten ausgeschlossen bleiben.

Diese virtuelle Kluft trägt zur Vergrößerung sozioökonomischer Unterschiede bei. Einkommensstarke Einzelpersonen und Gruppen profitieren in der Regel am meisten von den Vorteilen der KI, da sie über die Mittel verfügen, in KI-Technologien zu investieren und diese umzusetzen. Gleichzeitig können Menschen in einkommensschwächeren Sektoren, die keinen Zugang zu modernen Technologien oder die entsprechende Ausbildung haben, zusätzlich mit wachsenden finanziellen Risiken konfrontiert sein. Beispielsweise können KI-gestützte Gesundheitstechnologien zwar die Gesundheitsergebnisse verbessern, ihre Vorteile sind jedoch nicht für alle gleichermaßen zugänglich. Auch Menschen in unterversorgten Regionen können von diesen Verbesserungen ausgeschlossen sein, was die bestehenden Ungleichheiten in Gesundheitsversorgung und Schulbildung verschärft.

Die Machtdynamik rund um KI beschränkt sich nicht nur auf wirtschaftliche Ungleichheiten. Regierungen und Unternehmen nutzen KI zunehmend, um Bürger und Verbraucher zu identifizieren, was die Sorge um Datenschutz und Überwachung verstärkt. KI-gestützte Überwachungstechnologien, einschließlich Gesichtserkennung, werden im öffentlichen Raum immer häufiger eingesetzt, wo sie von Strafverfolgungsbehörden und privaten Einrichtungen genutzt werden, um die Bewegungen und das Verhalten von Menschen zu verfolgen. Diese Systeme können zwar die Sicherheit verbessern und Dienstleistungen optimieren, bergen aber auch erhebliche Risiken für die bürgerlichen Freiheiten. Die Allgegenwärtigkeit von KI in der Überwachung wirft wichtige Fragen zum Gleichgewicht zwischen Sicherheit und persönlicher Freiheit im digitalen Zeitalter auf.

Der Einfluss von KI reicht über finanzielle und soziale Systeme hinaus bis in den kulturellen Bereich. Mit zunehmender Einbindung von KI in die Kreativwirtschaft beginnt sie, traditionelle Vorstellungen von Kunst, Kreativität und Autorschaft zu hinterfragen. KI-gesteuerte Werkzeuge werden zum Komponieren von Musik, Schreiben von Literatur und zur Schaffung visueller Kunstwerke eingesetzt. Dies führt zu Debatten darüber, ob Maschinen tatsächlich kreativ sein können und ob KI-generierte Werke den gleichen Wert haben wie menschliche Schöpfungen.

Der Einfluss von KI auf unseren Lebensstil zeigt sich auch in ihrer Fähigkeit, Bildung, Medien und Unterhaltung neu zu gestalten. KI-gestützte, personalisierte Lernsysteme revolutionieren die Bildung und bieten maßgeschneiderte Lehrpläne, die den individuellen Bedürfnissen der Studierenden gerecht werden. Gleichzeitig ermöglicht die Fähigkeit von KI, riesige Datenmengen zu analysieren, zielgerichtete Marketingstrategien, die Kundenpräferenzen prägen und kulturelle Trends beeinflussen können. Die Unterhaltungsbranche setzt zunehmend auf KI, um vorherzusagen, welche Inhalte beim Publikum Anklang finden, und schafft so einen faktenbasierten Ansatz für die innovative Produktion.

Mit der Weiterentwicklung der KI-Technologie könnten diese auch weiterhin kulturelle Normen neu definieren. Die Grenzen zwischen von Menschen und Geräten erstellten Inhalten könnten zunehmend verschwimmen, was die Gesellschaft dazu zwingt, ihr Verständnis von Originalität, Kreativität und geistigem Eigentum zu überdenken. Die Integration von KI in den Alltag kann zudem tiefgreifende Auswirkungen auf kulturelle Identität und Werte haben, da verschiedene Gesellschaften KI auf eine Weise annehmen und sich an sie anpassen, die ihre eigenen Traditionen und Prioritäten widerspiegelt.

Die zunehmende Präsenz von KI in der Gesellschaft bietet Chancen und Herausforderungen zugleich. Sie kann zwar die Effizienz steigern, die Konnektivität verbessern und komplexe globale Probleme lösen, bringt aber auch erhebliche soziale und ethische Fragen mit sich. Die Integration von KI in den Alltag verändert die Art und Weise, wie Menschen mit der Zeit, miteinander und mit der sie umgebenden Welt interagieren. Da KI unsere sozialen Systeme, Verhaltensweisen und kulturellen Normen prägt, ist es für die Gesellschaft unerlässlich, rücksichtsvolle und verantwortungsvolle Diskussionen darüber zu führen, wie diese Veränderungen bewältigt werden können.

Die gesellschaftlichen Auswirkungen von KI sind weitreichend und vielschichtig. Da sich die Technologie ständig weiterentwickelt, könnten ihre Folgen in allen Lebensbereichen spürbar sein. Die Aufgabe der Gesellschaft besteht darin, das Potenzial von KI zu nutzen und gleichzeitig ihre Risiken zu minimieren. So soll sichergestellt werden, dass sie dem Gemeinwohl dient und eine gerechtere, inklusivere Zukunft für alle fördert. Das Schicksal von KI und der Gesellschaft hängt davon ab, wie wir als globale Gemeinschaft mit dieser transformativen Ära umgehen. Daher erfordert diese

Herausforderung sorgfältige Aufmerksamkeit, Zusammenarbeit und Weitsicht.

2.2 Die wirtschaftlichen Auswirkungen der KI

Künstliche Intelligenz (KI) hat einen transformativen Einfluss auf die Wirtschaft weltweit und verändert Branchen, Märkte und sogar ganze Finanzstrukturen. Der Aufstieg der KI-Technologie verändert die Art und Weise, wie Waren und Dienstleistungen produziert, geliefert und genutzt werden. Ihre Auswirkungen gehen über die Automatisierung hinaus und beeinflussen Finanzmodelle, Veränderungsdynamiken und Wirtschaftsstrukturen.

Einer der größten wirtschaftlichen Auswirkungen von KI ist ihre Fähigkeit, Aufgaben und Prozesse in verschiedenen Sektoren zu automatisieren. Die Automatisierung ist eine treibende Kraft hinter der Produktivitätssteigerung in Branchen von der Produktion bis zum Dienstleistungssektor, und KI beschleunigt diesen Trend. Mit KI-Algorithmen ausgestattete Maschinen können Aufgaben schneller, präziser und effizienter ausführen als Menschen, was zu Kosteneinsparungen und höheren Produktivitätsraten führt.

In der Fertigung übernehmen KI-gesteuerte Roboter bereits Fließbandarbeiten mit minimalem menschlichen Eingriff. Diese Roboter können rund um die Uhr arbeiten, was zu höheren Produktionskosten und einem besseren

Ressourcenverbrauch führt. Auch in Branchen wie der Logistik optimiert KI Lieferketten, reduziert Abfall und verbessert das Bestandsmanagement. In der Finanzbranche können KI-Systeme große Datensätze analysieren und Transaktionen schneller als Menschen abwickeln, was die Effizienz der Finanzmärkte steigert und Anlagestrategien verbessert.

Die Fähigkeit der KI, die Produktivität zu steigern, beschränkt sich nicht nur auf traditionelle Branchen. Im Carrier-Bereich steigert KI die Produktivität durch die Automatisierung wiederkehrender Aufgaben, die aus Datensatzzugriff, Kundensupport und Terminplanung bestehen. Chatbots werden beispielsweise zunehmend von Unternehmen eingesetzt, um mit Kunden zu interagieren, Support anzubieten und Probleme zu lösen, wodurch der Bedarf an menschlicher Arbeit verringert wird. In ähnlicher Weise können KI-Algorithmen Geschäftsabläufe optimieren, indem sie die Nachfrage vorhersagen, Quellen handhaben und die Entscheidungsfindung verbessern.

Während KI die Produktivität und die wirtschaftliche Leistungsfähigkeit steigert, sind ihre Auswirkungen auf den Arbeitsmarkt komplexer. Einerseits kann Automatisierung die Arbeitskosten senken und Unternehmen wettbewerbsfähiger machen. Andererseits kann sie zu Arbeitsplatzverlagerungen führen, insbesondere in Branchen, in denen Aufgaben häufig routinemäßig oder manuell ausgeführt werden.

Die Einführung von KI in der Belegschaft verspricht sowohl Prozessverbesserungen als auch die Verlagerung von Arbeitsplätzen. Die weitgehende Automatisierung alltäglicher Aufgaben erhöht das Arbeitslosigkeitsrisiko für Arbeitnehmer, deren Berufe am anfälligsten für KI sind. So sind beispielsweise Arbeitsplätze in Produktion, Transport und Kundenservice bereits von KI und Automatisierung betroffen, da Roboter und Maschinen Aufgaben übernehmen, die traditionell von Menschen erledigt wurden.

Selbstfahrende Transporter und Lieferdrohnen könnten beispielsweise Hunderttausende Arbeitsplätze in der Transportbranche ersetzen, vom Lkw-Fahrer bis zum Lagerarbeiter. Auch im Kundenservice übernehmen Chatbots und virtuelle Assistenten zunehmend Aufgaben, die früher von menschlichen Verkäufern ausgeführt wurden. Diese Technologien könnten zwar neue Beschäftigungsmöglichkeiten in Bereichen wie Robotik, Informatik und KI-Programmierung schaffen, verstärken aber auch die Sorge vor der Verdrängung geringqualifizierter Arbeitnehmer, die möglicherweise nicht über die Ressourcen oder Fähigkeiten für den Wechsel in neue Rollen verfügen.

Die Aufgabe von Politik und Wirtschaft besteht darin, diesen Übergang effektiv zu gestalten. Umschulungs- und Weiterbildungsprogramme können entscheidend dazu beitragen, dass sich Arbeitnehmer an den sich wandelnden

Arbeitsmarkt anpassen. Regierungen und Organisationen müssen in Aus- und Weiterbildung investieren, um Menschen die Fähigkeiten zu vermitteln, die sie brauchen, um in einer KI-getriebenen Wirtschaft erfolgreich zu sein. Darüber hinaus wird die Schaffung neuer Prozessmöglichkeiten in Bereichen wie KI-Forschung, Cybersicherheit und maschinellem Lernen entscheidend dazu beitragen, dass die Vorteile der KI in der gesamten Gesellschaft breite Anwendung finden.

globale Wirtschaft weiter verändern, könnten sie auch wirtschaftliche Ungleichheiten verschärfen. Die digitale Kluft zwischen Menschen mit und ohne Zugang zu digitaler Technologie stellt eine enorme Herausforderung dar. Während Industrienationen und große Unternehmen die Macht der KI nutzen können, um Innovation und Wachstum voranzutreiben, könnten Entwicklungsländer und kleine Unternehmen Schwierigkeiten haben, mitzuhalten.

In reichen Ländern wird KI eingesetzt, um die Produktivität zu steigern, neue Geschäftsmodelle zu entwickeln und das Wirtschaftswachstum voranzutreiben. In ärmeren Ländern ist der Zugang zu KI-Technologien und den dafür erforderlichen Fähigkeiten jedoch eingeschränkt, was zu einer wachsenden Kluft im Wirtschaftswachstum führt. Diese soziale Kluft wird durch den ungleichen Zugang zu Bildung, Ausbildung und Internetinfrastruktur noch verschärft, was große Teile der Bevölkerung daran hindert, vom KI-getriebenen Wachstum zu profitieren.

Darüber hinaus kann die Konzentration von KI-Kompetenzen in den Händen weniger großer Unternehmen und Länder ein Gefühl von Reichtum und Macht hervorrufen. Technologiegiganten wie Google, Amazon und Microsoft sind bereits führend in der KI-Entwicklung und verfügen über die Mittel, massiv in KI-Forschung und -Entwicklung zu investieren. Dieses Machtbewusstsein im KI-Bereich verstärkt die Sorge um Monopole, Marktdominanz und das Potenzial für Marktmanipulation. Die Politik muss diesen Problemen durch regulatorische Rahmenbedingungen und Wettbewerbsgesetze begegnen, um sicherzustellen, dass die Vorteile der KI gerecht verteilt werden und kleinere Akteure eine Chance haben, im Wettbewerb zu bestehen.

KI hat zudem tiefgreifende Auswirkungen auf den globalen Wandel und die Geopolitik. Da sich KI-Technologie zunehmend als Schlüssel zum Wirtschaftswachstum erweist, werden führende Länder in KI-Forschung und -Entwicklung einen Wettbewerbsvorteil auf dem internationalen Markt haben. Länder mit ausgeprägten KI-Kompetenzen sind besser aufgestellt, um Schlüsselindustrien wie das Gesundheitswesen, die Fertigung und das Finanzwesen zu dominieren, was sich auf globale Markttrends und die Finanzkraft auswirken wird.

China beispielsweise hat erheblich in KI-Forschung und -Entwicklung investiert und strebt an, bis 2030 weltweit führend in diesem Bereich zu werden. Auch die USA mit ihrer florierenden Technologiebranche sind Vorreiter der KI-Innovation. Der Wettbewerb dieser beiden Wirtschaftsmächte um die Vorherrschaft im KI-Bereich hat geopolitische Auswirkungen, da KI nicht nur für wirtschaftliches Wachstum, sondern auch für Militär- und Sicherheitszwecke eingesetzt wird. Der Einsatz von KI in Sicherheitstechnologien, Überwachungssystemen und der Cybersicherheit verändert die internationalen Gemeinschaften und Energiesysteme.

KI hat zudem das Potenzial, traditionelle Industrien und globale Lieferketten zu revolutionieren. Mit zunehmender KI-gestützter Automatisierung könnte auch der Bedarf an geringwertigen Produktionsleistungen sinken, was zu Veränderungen der globalen Marktdynamik führen könnte. Länder, die stark auf geringwertige Arbeitskräfte angewiesen sind, könnten ebenfalls vor Herausforderungen stehen, da KI-gestützte Automatisierung den Bedarf an menschlichen Arbeitskräften in der Fertigung reduziert. Ebenso dürfte der zunehmende Einsatz von KI in Sektoren wie Landwirtschaft, Gesundheitswesen und Logistik zu Verschiebungen der globalen Handelsströme führen, da sich Länder an neue Technologien und Lieferketten anpassen.

Die wirtschaftlichen Auswirkungen von KI sind enorm und vielschichtig. KI kann zwar die Produktivität steigern, neue Geschäftsmöglichkeiten schaffen und Branchen revolutionieren, weckt aber auch Bedenken hinsichtlich Arbeitsplatzverlagerung, Ungleichheit und der Beeinträchtigung von Wohlstand und Macht. Um das Potenzial von KI voll auszuschöpfen und gleichzeitig ihre Risiken zu mindern, müssen Politik, Wirtschaft und Bevölkerung zusammenarbeiten, um sicherzustellen, dass KI-getriebener Wirtschaftsboom inklusiv, gerecht und nachhaltig ist.

Die Zukunft von KI und Wirtschaft wird davon abhängen, wie gut Gesellschaften den Übergang zu einer KI-getriebenen Welt meistern. Durch Investitionen in Ausbildung, Umschulungsprogramme und integrative Wirtschaftsrichtlinien können Regierungen dazu beitragen, dass die Vorteile von KI allen Gesellschaftsschichten umfassend zugutekommen. KI hat das Potenzial, die Weltwirtschaft zu verändern. Ihre Auswirkungen werden jedoch möglicherweise davon beeinflusst, wie wir diese transformative Technologie heute für die alltägliche Realität nutzen.

2.3 Veränderungen im Arbeits- und Beschäftigungssektor durch KI

globalen Arbeitsmarkt grundlegend und prägt die Art der Beschäftigung neu. Mit der Weiterentwicklung von KI-Strukturen hat ihre Integration in Branchen und Arbeitsplätze sowohl positive als auch negative Auswirkungen auf die Arbeitnehmer. Während einige Arbeitsplätze wegfallen, ergeben sich auch neue Möglichkeiten in Bereichen, die überlegene Fähigkeiten in KI, Informationsanalyse und -generierung erfordern.

Eines der größten Probleme im Zusammenhang mit KI ist die Möglichkeit der Aufgabenverlagerung. Mit der Weiterentwicklung der KI-Technologie nimmt die Automatisierung von Aufgaben, die traditionell von Menschen erledigt wurden, immer mehr zu. Dieser Trend ist besonders in Branchen eklatant, in denen Aufgaben repetitiv, gewohnheitsmäßig und leicht standardisiert sind. So sind beispielsweise in Produktion, Logistik, Einzelhandel und Verwaltung bereits KI-gestützte Systeme im Einsatz, die Aufgaben wie Fließbandarbeit, Bestandskontrolle, Informationszugriff und Kundensupport effizienter und fehlerfreier erledigen können als Menschen.

In der Produktion können mit KI ausgestattete Roboter komplexe Aufgaben, wie die Montage von Produkten oder den Umgang mit gefährlichen Materialien, deutlich effizienter erledigen als menschliche Arbeitskräfte. Dies hat zwar zu einer gesteigerten Produktivität geführt, bedeutet aber auch, dass viele Arbeitsplätze in diesen Sektoren obsolet werden. So wird beispielsweise erwartet, dass der Aufstieg autonomer Fahrzeuge die Transportbranche revolutionieren wird, da Lkw-Fahrer und Liefermitarbeiter durch selbstfahrende Fahrzeuge und Drohnen ersetzt werden. Auch im Dienstleistungsbereich bearbeiten KI-gestützte Chatbots und virtuelle Assistenten zunehmend Kundendienstanfragen und reduzieren so den

Bedarf an menschlichem Personal in Callcentern und Helpdesks.

Die Automatisierung wiederkehrender Aufgaben kann Unternehmen zwar erhebliche Kosteneinsparungen und Produktivitätssteigerungen bescheren, verstärkt aber auch die Sorge um Arbeitsplatzverluste, insbesondere bei gering qualifizierten Arbeitskräften. Gerade bei repetitiven oder wiederkehrenden Tätigkeiten ist die Gefahr der Verdrängung am größten. So werden beispielsweise Kassierer, Datentypisten und Telemarketing-Mitarbeiter bereits durch computergestützte Strukturen ersetzt, sodass die in diesen Positionen Beschäftigten mit Arbeitslosigkeit oder Umschulungsbedarf konfrontiert sind.

Obwohl KI in einigen Sektoren voraussichtlich zu Arbeitsplatzverlusten führen wird, eröffnet sie auch neue Möglichkeiten in Regionen, die spezielle Fähigkeiten erfordern. Mit der Einführung von KI-Technologie in der Industrie steigt die Nachfrage nach Mitarbeitern, die diese Systeme erweitern, verwalten und warten können. Dies umfasst Aufgaben in den Bereichen KI-Programmierung, Informationsanalyse, Systembeherrschung und Robotik. Fachkräfte mit Kenntnissen in diesen Bereichen sind überaus gefragt, da Unternehmen und Agenturen Fachkräfte für die Konzeption, Implementierung und Überwachung von KI-Systemen benötigen.

KI fördert zudem die Entstehung völlig neuer Branchen und Berufsbilder, die es vor einigen Jahren noch nicht gab. So hat beispielsweise der Aufstieg KI-gestützter Gesundheitstechnologien zur Entstehung neuer Berufe geführt, darunter KI-Gesundheitsexperten, Krankenaktenanalysten und Experten für Gesundheitsinformatik. Im Finanzwesen ermöglicht KI die Entwicklung algorithmischer Kauf- und Verkaufsmodelle, Betrugserkennungssysteme und wirtschaftlicher Beratungsangebote und schafft so neue Positionen in den Bereichen Fintech und Wirtschaftsingenieurwesen. Auch in Branchen wie Cybersicherheit, autonomer Fahrzeugentwicklung und intelligenter Produktion steigen die Beschäftigungsmöglichkeiten, da KI zunehmend in diese Sektoren integriert wird.

Darüber hinaus trägt KI zur Schaffung von Arbeitsplätzen in Bereichen bei, die menschliche Kontrolle und Kreativität erfordern – Bereiche, in denen die KI-Ära menschliches Engagement noch nicht vollständig ersetzen kann. Beispielsweise kann KI zwar riesige Datensätze analysieren und Erkenntnisse generieren, erfordert aber dennoch menschliches Urteilsvermögen, um komplexe Entscheidungen zu treffen. Infolgedessen steigt die Nachfrage nach Faktenwissenschaftlern, KI-Ethikern und Fachleuten, die KI-gestützte Erkenntnisse auf reale internationale Situationen interpretieren und anwenden können.

Die Einführung dieser neuen Rollen bietet Mitarbeitern die Möglichkeit, in höherqualifizierte Positionen zu wechseln. Der Wechsel von geringqualifizierten zu hochqualifizierten Tätigkeiten erfordert jedoch auch die Umschulung und Weiterbildung der Mitarbeiter, um den Anforderungen der KI-gesteuerten Wirtschaft gerecht zu werden. Um auf dem Arbeitsmarkt wettbewerbsfähig zu bleiben, müssen sich Mitarbeiter neue Fähigkeiten in Bereichen wie Informationstechnologie, Programmierung und maschinellem Lernen aneignen.

Da sich die KI-Technologie weiterentwickelt, müssen sich die Mitarbeiter an die veränderte Prozesslandschaft anpassen. Mitarbeiter, die durch Automatisierung ihren Arbeitsplatz verlieren, müssen sich möglicherweise weiterbilden, um neue Aufgaben in der KI-gesteuerten Wirtschaft übernehmen zu können. Umschulung bedeutet, völlig neue Fähigkeiten zu erlernen, die den Übergang in neue Berufe ermöglichen. Weiterqualifizierung hingegen bedeutet, bestehende Kompetenzen zu verbessern, um mit dem technologischen Fortschritt Schritt zu halten.

Regierungen, Unternehmen und Bildungseinrichtungen werden diesen Übergang durch die Bereitstellung von Umschulungs- und Weiterbildungsprogrammen maßgeblich unterstützen. Diese Programme müssen sich auf die dringend benötigten Schulungskompetenzen konzentrieren, darunter

Programmierung, Datenanalyse und KI-Entwicklung. Darüber hinaus kann die Ausbildung von Soft Skills wie Problemlösung, Kommunikation und Anpassungsfähigkeit entscheidend sein, um Mitarbeiter auf Aufgaben vorzubereiten, die die menschliche Überwachung von KI-Systemen erfordern.

Bildungseinrichtungen müssen ihre Lehrpläne zudem anpassen und stärker technologieorientierte Kurse anbieten. Da KI in vielen Branchen zunehmend Einzug hält, ist es für Arbeitnehmer wichtig, die Funktionsweise von KI-Systemen und ihre Implementierung in spezifischen Geschäftskontexten gut zu verstehen. Die Zusammenarbeit zwischen Bildungseinrichtungen und Branchenführern ist wichtig, um sicherzustellen, dass die vermittelten Fähigkeiten den Anforderungen des Arbeitsmarktes entsprechen.

Neben formalen Schulungs- und Trainingsprogrammen müssen Unternehmen in die kontinuierliche Weiterentwicklung ihrer Mitarbeiter investieren. Durch praxisnahe Schulungen, Mentoring und Aufstiegsmöglichkeiten können Unternehmen ihren Mitarbeitern helfen, in einem sich schnell verändernden Arbeitsmarkt wettbewerbsfähig zu bleiben.

Neben traditionellen Beschäftigungsmodellen trägt KI auch zum Aufschwung der Gig Economy bei. Die Gig Economy, die befristete Verträge, freiberufliche Tätigkeiten und Zeitarbeit umfasst, wird immer beliebter, da KI-gestützte Systeme es Menschen erleichtern, Arbeit zu finden. Plattformen wie Uber, TaskRabbit und Fiverr ermöglichen es

Menschen, ihre Dienste auf Abruf anzubieten und so ein flexibles Personal aufzubauen, das nicht an traditionelle Beschäftigungsstrukturen gebunden ist.

KI spielt eine Schlüsselrolle in der Gig-Wirtschaft, indem sie Arbeitnehmer mit Arbeitgebern verbindet und die Verwaltung freiberuflicher Aufgaben erleichtert. Beispielsweise können KI-Algorithmen Mitarbeitern Aufgaben entsprechend ihren Fähigkeiten, ihrem Standort und ihrer Verfügbarkeit zuordnen. Darüber hinaus werden KI-gestützte Tools eingesetzt, um die Planung, die Gebührenabwicklung und die Leistungsverfolgung zu optimieren und Gig-Mitarbeitern so die Kontrolle über ihre Arbeit zu erleichtern.

Die Gig Economy bietet Arbeitnehmern zwar mehr Flexibilität und Autonomie, wirft aber auch Fragen zum Arbeitsschutz und den Arbeitnehmerrechten auf. Gig-Arbeiter haben oft nicht die gleichen Vorteile und Absicherungen wie traditionelle Arbeitnehmer, darunter Krankenversicherung, Altersvorsorge und bezahlter Urlaub. Da KI die Gig Economy weiter prägt, besteht Bedarf an neuen Arbeitsvorschriften, die den besonderen Herausforderungen von Gig-Arbeitern gerecht werden.

Die Zukunft der Arbeit in einer KI-getriebenen Wirtschaft dürfte von größerer Flexibilität, Automatisierung und Spezialisierung geprägt sein. KI wird zwar weiterhin einige Arbeitsplätze verdrängen, aber auch neue Möglichkeiten schaffen und Innovationen in Bereichen vorantreiben, die menschliches Verständnis erfordern. Die Mission könnte darin bestehen, sicherzustellen, dass die Mitarbeiter über die Talente und Ressourcen verfügen, die sie benötigen, um in dieser neuen Landschaft erfolgreich zu sein.

Politiker, Organisationen und Pädagogen müssen zusammenarbeiten, um die Auswirkungen von KI auf Arbeitsmärkte und Beschäftigung zu bewältigen. Durch Investitionen in Bildung, Umschulungsprogramme und faire Arbeitsrichtlinien können wir sicherstellen, dass die Vorteile des KI-getriebenen Wirtschaftswachstums allen zugutekommen. Da sich die KI weiter anpasst, ist es wichtig, die Belegschaft proaktiv auf die Veränderungen vorzubereiten und sicherzustellen, dass niemand beim Übergang in eine KI-gestützte Zukunft im Rückstand bleibt.

2.4. KI im Alltag und in Verbraucheranwendungen

Künstliche Intelligenz hat sich von Laboren und Forschungszentren in den Alltagsalltag hineinversetzt. Einst auf akademische Konzepte und experimentelle Prototypen beschränkt, durchdringt KI heute unsere Alltagswelt, oft auf unsichtbare, aber tiefgreifende Weise. Ihr Einfluss erstreckt sich auf die Art und Weise, wie wir kommunizieren, einkaufen, navigieren, uns unterhalten, unser Zuhause steuern und sogar Entscheidungen treffen. Die Integration von KI in

Kundenanwendungen hat nicht nur Effizienz und Komfort verbessert, sondern auch die Erwartungen an Individualisierung, Geschwindigkeit und Interaktivität neu definiert. KI ist daher keine futuristische Idee mehr – sie ist eine moderne Kraft, die das Verhalten, die Möglichkeiten und die Aktivitäten von Milliarden von Menschen weltweit prägt.

Eine der allgegenwärtigsten Erscheinungsformen von KI im Alltag sind Smartphones. KI-Algorithmen treiben Sprachassistenten wie Apples Siri, Google Assistant und Amazon Alexa an und ermöglichen es Nutzern, Aufgaben wie das Setzen von Erinnerungen, das Surfen im Internet, die Steuerung von Smartphones oder das Versenden von Nachrichten in natürlicher Sprache auszuführen. Im Hintergrund verbessert KI Autokorrektur, Texterkennung, Spracherkennung und Kamerafunktionen. Bilderkennungssysteme erkennen automatisch Gesichter, passen Lichtverhältnisse an und verwenden Filter. Gleichzeitig passen maschinelle Lernalgorithmen Inhaltsempfehlungen an, erstellen Fotos und optimieren den Akkuverbrauch basierend auf dem Nutzerverhalten.

Social-Media-Plattformen werden von hochmodernen KI-Algorithmen angetrieben, die Content-Feeds kuratieren, Links vorschlagen, unerwünschte E-Mails herausfiltern und schädliches Verhalten erkennen. Auf Plattformen wie Facebook, Instagram, Twitter und TikTok analysieren

Empfehlungsmaschinen Nutzerinteraktionen – Likes, Shares und Verweildauer –, um Inhalte zu priorisieren, die den Nutzer am ehesten ansprechen. Diese Systeme nutzen Deep-Learning-Modelle, um Kontext, Stimmung und visuelle Merkmale zu erkennen und so individuell personalisierte Geschichten zu erstellen. Dies steigert zwar das Engagement der Nutzer, erhöht aber auch die Gefahr von Filterblasen, Echokammern und algorithmischer Manipulation.

Im E-Commerce hat KI die Art und Weise revolutioniert, wie Kunden stöbern, einkaufen und Kundenservice in Anspruch nehmen. Plattformen wie Amazon, Alibaba und eBay nutzen maschinelles Lernen für Produktberatungsmaschinen, die den Browserverlauf, Kaufverhalten und demografische Statistiken analysieren. Diese Systeme antizipieren die Wünsche der Verbraucher und schlagen relevante Produkte vor, was sowohl den Umsatz als auch die Kundenzufriedenheit steigert. KI-gestützte Chatbots und digitale Assistenten kümmern sich rund um die Uhr um Kundenanfragen, verkürzen Wartezeiten und verbessern die Erreichbarkeit. Computer Vision ermöglicht visuelle Suchfunktionen – Nutzer können Fotos hinzufügen und passende oder vergleichbare Objekte finden, ohne sie beschreiben zu müssen.

Streaming-Dienste wie Netflix, Spotify, YouTube und HBO Max nutzen KI stark, um Nutzerprofile anzupassen. Empfehlungsalgorithmen empfehlen Musik, Videos und

Empfehlungen basierend auf individuellen Vorlieben und Konsumgewohnheiten. Diese Systeme umfassen kollaboratives Filtern, Deep Learning und bestärkende Lerntechniken, um sich im Laufe der Zeit anzupassen. KI unterstützt außerdem die Erstellung und Optimierung von Inhalten, indem sie Miniaturansichten erstellt, Metadaten verschlagwortet und die Zuschauerbindung analysiert, um die Programmgestaltung zu verbessern.

KI spielt eine wachsende Rolle im Bereich der persönlichen Finanzen und des digitalen Bankings. Anwendungen wie Mint, PayPal, Revolut und die mobilen Apps herkömmlicher Banken nutzen KI, um Transaktionen zu kategorisieren, betrügerische Aktivitäten aufzudecken und Einblicke in die Budgetplanung zu geben. Predictive Analytics hilft Kunden bei der Verwaltung ihres Bargeldbestands, warnt sie vor möglichen Überziehungen und empfiehlt Sparstrategien. KI-Chatbots fungieren als virtuelle Finanzberater und bieten in Echtzeit Unterstützung und Beratung ohne menschliches Zutun.

Navigation und Transportwesen wurden durch KI durch Echtzeit-Routenoptimierung, prädiktive Verkehrsmodellierung und autonome Fahrtechnologie revolutioniert. Google Maps und Waze nutzen KI, um Verkehrssituationen vorherzusagen, alternative Routen zu empfehlen und Ankunftszeiten mit zunehmender Genauigkeit abzuschätzen. Mitfahrplattformen wie Uber und Lyft nutzen KI, um Fahrer und Passagiere zuzuordnen, Fahrpreise zu berechnen und die Dispositionslogistik zu optimieren. In autonomen Fahrzeugen integriert KI Daten von Sensoren, Lidar, Radar und Kameras, um Entscheidungen im Split-Size-Modus zu treffen. Unternehmen wie Tesla, Waymo und Cruise erweitern die Grenzen der KI-gestützten Mobilität.

In der Welt der intelligenten Haushalte fungiert KI als Koordinator für Komfort und Leistung. Intelligente Lautsprecher und Displays wie Amazon Echo und Google Nest Hub dienen als Steuerzentralen für eine vernetzte Geräteumgebung. KI ermöglicht die sprachgesteuerte Steuerung von Beleuchtung, Thermostaten, Schlössern, Kameras und Haushaltsgeräten. Intelligente Thermostate wie Nest lernen den Alltag im Haushalt und passen die Temperatureinstellungen entsprechend an, um den Stromverbrauch zu optimieren. KI-gestützte Sicherheitskameras können zwischen Menschen, Tieren und Fahrzeugen unterscheiden, senden personalisierte Warnmeldungen und ermöglichen die Gesichtserkennung.

KI-Anwendungen im Gesundheitswesen finden zunehmend Eingang in die Hände von Patienten über tragbare Geräte und Gesundheits-Tracking-Apps. Geräte wie Apple Watch, Fitbit und Oura Ring erfassen Messwerte wie Herzfrequenz, Schlafmuster, Blutsauerstoffwerte und Aktivitätsniveau. Diese Geräte nutzen KI, um Trends zu analysieren, Anomalien zu erkennen und Gesundheitsrichtlinien bereitzustellen. Einige Programme warnen Nutzer sogar vor möglichen Herzrhythmusstörungen oder empfehlen Verhaltensänderungen für eine bessere Schlafhygiene und Trainingsroutinen. Apps für die psychische Gesundheit wie Woebot oder Wysa nutzen Konversations-KI, um emotionale Unterstützung, Achtsamkeitsübungen und Verhaltenstherapie-Tools anzubieten.

Auch Bildung und individuelles Lernen profitieren von der KI-Integration. Plattformen wie Duolingo, Khan Academy und Coursera passen Inhalte an individuelle Lernstile und -geschwindigkeiten an. KI bewertet den Lernfortschritt, identifiziert Schwachstellen und passt den Schwierigkeitsgrad dynamisch an. Sprachlern-Apps nutzen natürliche Sprachverarbeitung und Spracherkennung, um Kommentare in Echtzeit bereitzustellen. In virtuellen Klassenzimmern ermöglicht KI die Teilnahme am Unterricht, automatisiert die Benotung und empfiehlt ergänzende Ressourcen.

Einzelhandel und Modebranche nutzen KI, um interaktivere und individuellere Kaufberatungen zu ermöglichen. Virtuelle Räume nutzen Augmented Reality und Computer Vision, um Kunden das Anprobieren von Kleidung oder Accessoires zu ermöglichen. KI-Algorithmen erkennen Modetrends, optimieren die Lagerhaltung und ermöglichen dynamische Preisgestaltung. Roboter und Kioske in Geschäften unterstützen Kunden, führen sie zu Waren und wickeln Transaktionen ab. KI ermöglicht zudem Lieferkettenoptimierungen, von der Bedarfsprognose bis zur Lagerautomatisierung.

In den kreativen Künsten erweitert KI die Definition dessen, wer Künstler oder Schöpfer sein kann. Anwendungen wie DALL•E, RunwayML und Lumen5 ermöglichen es Nutzern, mit minimalem technischen Know-how Bilder, Filme und Animationen zu erstellen. Musiker nutzen KI-gestützte Tools, um Melodien zu komponieren, Akkordfolgen vorzuschlagen und Tracks zu beherrschen. Autoren und Content-Ersteller nutzen generative Sprachmodelle, um Ideen zu entwickeln, Texte zu verfassen oder Inhalte in andere Sprachen zu übersetzen. Diese Tools fördern nicht nur die menschliche Kreativität, sondern regen auch Diskussionen über Originalität, Urheberschaft und die Natur des kreativen Ausdrucks an.

Die Reichweite von KI erstreckt sich sogar auf die alltägliche Kommunikation und Übersetzung. Sprachübersetzungs-Apps wie Google Translate und DeepL nutzen KI, um korrekte, kontextbezogene Übersetzungen in Echtzeit bereitzustellen. Echtzeit-Sprachübersetzungs- und Transkriptionstools beseitigen Sprachbarrieren bei Videoanrufen, auf Reisen und bei der weltweiten Zusammenarbeit. E-Mail-Systeme wie Gmail und Outlook verfügen über intelligente Schreibfunktionen, die vollständige

Wörter basierend auf dem Schreibstil und dem Zweck der Person vorschlagen.

Auch persönliche Beziehungen und das psychische Wohlbefinden werden heute durch KI gefördert. Dating-Apps wie Tinder, Bumble und Hinge nutzen maschinelles Lernen, um gesunde Nutzer anhand von Verhaltensdaten, Vorlieben und Kommunikationsstilen kennenzulernen. KI kann die Kompatibilität überprüfen und Partnervorschläge mit zunehmender Detailliertheit vorschlagen. Digitale Begleiter, ob in Form von Chatbots, KI-Haustieren oder emotional reagierenden Avataren, werden von vielen Menschen genutzt, um Einsamkeit zu lindern oder soziale Interaktion zu fördern.

Bei Haushaltsgeräten macht KI Geräte intelligenter und autonomer. KI-betriebene Staubsauger wie Roomba lernen Grundrisse und regulieren den Reinigungsstil. Intelligente Kühlschränke zeigen Verfallsdaten an und empfehlen Rezepte. Waschmaschinen und Geschirrspüler nutzen KI, um den Wasserverbrauch zu optimieren und die Programmwahl je nach Beladungsart zu optimieren. Diese Innovationen steigern nicht nur den Komfort, sondern fördern auch Energieeffizienz und Nachhaltigkeit.

KI ermöglicht auch die virtuelle Identifizierung und Sicherheit im Alltag. Gesichtserkennung wird genutzt, um Telefone freizugeben, Zahlungen zu autorisieren und den Zugang zu bestimmten Einrichtungen zu kontrollieren.

Biometrische Systeme, die auf Fingerabdrücken, Netzhautscans oder Stimmmustern basieren, werden im Verbraucherzeitalter immer üblicher und bieten sowohl mehr Sicherheit als auch ein nahtloses Kundenerlebnis. Betrugserkennungssysteme im Bankwesen und im Online-Handel überwachen kontinuierlich das Verhalten, um Anomalien zu erkennen und Nutzer vor Cyber-Bedrohungen zu schützen.

Die Integration von KI in den Alltag bleibt nicht ohne moralische und soziale Auswirkungen. Da KI-Systeme zunehmend Entscheidungen im Auftrag ihrer Nutzer treffen, stellen sich Fragen zu Datenschutz, Voreingenommenheit und Kontrolle. Viele KI-Programme erfassen und analysieren große Mengen personenbezogener Daten, was Bedenken hinsichtlich Überwachung und Datenmissbrauch aufwirft. Voreingenommenheit in Bildungsdaten kann zu diskriminierenden Folgen führen, insbesondere in Bereichen wie Personalbeschaffung, Kreditvergabe oder Gesichtserkennung. Mit zunehmender Leistungsfähigkeit und Eigenständigkeit der KI wächst der Bedarf an Transparenz, Verantwortung und Nutzerbeteiligung.

Trotz dieser Herausforderungen sind die Leichtigkeit, Leistung und Personalisierung, die KI in den Alltag bringt, unbestreitbar. Was früher menschliche Arbeit, Fachwissen oder Zeit erforderte, lässt sich heute mit ein paar Sprachbefehlen oder dem Tippen auf den Bildschirm erledigen. KI erweitert unsere Sinne, erweitert unsere Fähigkeiten und vermittelt unsere Interaktionen mit der virtuellen und physischen Welt. Da sich die Technologie ständig weiterentwickelt, wird ihre Präsenz in Verbraucheranwendungen wahrscheinlich zunehmen – sie reagiert nicht nur auf unsere Wünsche, sondern prognostiziert, passt sich an und entwickelt sich gemeinsam mit uns weiter, um das Wesentliche unserer alltäglichen Erfahrung neu zu gestalten.

2.5. KI und Datenschutzbedenken

Die umfassende Integration künstlicher Intelligenz in die heutige Gesellschaft hat tiefgreifende Veränderungen in der Erfassung, Analyse und Anwendung von Daten mit sich gebracht. Von der Gesichtserkennung im öffentlichen Raum bis hin zu algorithmisch kuratierten Newsfeeds verarbeiten KI-Systeme enorme Mengen privater Daten – Informationen, die Verhaltensmuster, Vorlieben, Identitäten und sogar emotionale Zustände widerspiegeln. Diese Fähigkeiten ermöglichen zwar Personalisierung, Leistung und Innovation, verstärken aber auch die Beantwortung verschiedener Datenschutzfragen, die für die Debatten um den ethischen Einsatz von KI-Technologie von entscheidender Bedeutung sind. Da KI-Systeme zunehmend alltägliche Studien vermitteln, hat sich die Spannung zwischen Nutzen und Privatsphäre zu einer der bestimmenden Herausforderungen des digitalen Zeitalters entwickelt.

Der Kern der Datenschutzprobleme in der KI liegt in der Abhängigkeit von riesigen Datensätzen. KI-Systeme, insbesondere solche, die auf System- und Deep Learning basieren, benötigen enorme Datenmengen, um effektiv zu trainieren und zu funktionieren. Dazu gehören sowohl strukturierte Daten wie Namen, Geburtsdaten und Finanzdaten als auch unstrukturierte Daten wie Fotos, E-Mails, Audioaufnahmen und Browserverläufe. Oft werden diese Daten passiv oder ohne ausdrückliche Einwilligung der Nutzer erfasst, was kritische Fragen zu Transparenz, Eigentum und Kontrolle aufwirft. Oft ist unklar, welche Daten erfasst werden, wie sie verwendet werden und wer Zugriff darauf hat.

Ein prominentes Beispiel hierfür ist der Einsatz von Gesichtserkennungstechnologie. Regierungen, Unternehmen und Sicherheitsfirmen setzen KI-basierte Gesichtserkennung in Flughäfen, Kaufhäusern, auf öffentlichen Plätzen und sogar in Schulen ein. Solche Systeme können zwar Sicherheit und Komfort erhöhen, ermöglichen aber auch Massenüberwachung, oft ohne das Wissen oder die Zustimmung der Betroffenen. In einigen Ländern wurden Personen in Echtzeit verfolgt, ihre Aktivitäten protokolliert und analysiert. Dies entwickelte eine Form der biometrischen Überwachung, die viele mit einer Aushöhlung der bürgerlichen Freiheiten gleichsetzen. Die Bedenken verstärken sich, wenn Gesichtserkennung in autoritären Kontexten oder überproportional gegen marginalisierte Gruppen eingesetzt wird.

Ein weiterer wichtiger Problembereich ist das durch KI ermöglichte Profiling und die Mikrozielsetzung. Durch das Auswerten virtueller Fußabdrücke – einschließlich Suchverläufen, Standortinformationen und Social-Media-Aktivitäten – kann KI spezifische psychologische und Verhaltensprofile von Personen erstellen. Diese Profile können für personalisiertes Marketing, politisches Targeting oder Risikoanalysen in Politik und Finanzen genutzt werden. Der berüchtigte Fall von Cambridge Analytica zeigte, wie KI-gestütztes Profiling genutzt werden kann, um politische Ergebnisse zu beeinflussen, indem Wähler mit maßgeschneiderten Fehlinformationen angesprochen werden. Diese Art der Manipulation, die durch undurchsichtige Algorithmen ermöglicht wird, untergräbt demokratische Prozesse und die individuelle Autonomie.

KI-Systeme verstärken auch die Alarmglocken hinsichtlich der Datenspeicherung und -aufbewahrung. Viele Unternehmen sammeln weit mehr Daten als nötig und speichern diese oft unbegrenzt in zentralen Datenbanken, die anfällig für Datenschutzverletzungen sind. Selbst anonymisierte Datensätze können beim Zusammenführen mit anderen Datensätzen häufig wiederidentifiziert werden, was den Datenschutz erschwert. Zudem haben Nutzer oft kaum

Kontrolle darüber, wie, wie lange und für welche sekundären Zwecke ihre Daten gespeichert werden. Dies untergräbt das Prinzip der Datenminimierung und setzt Nutzer langfristigen Datenschutzrisiken aus.

Der Einsatz von Sprachassistenten und intelligenten Geräten verdeutlicht, wie KI die Grenzen zwischen privatem und öffentlichem Leben verwischen kann. Geräte wie Amazon Echo, Google Nest und Apple HomePod warten ständig auf Aktivierungsbefehle, zeichnen aber mehrfach mehr auf als beabsichtigt. Privat gemeinte Gespräche wurden versehentlich aufgezeichnet, auf entfernten Servern gespeichert oder sogar von menschlichen Prüfern zur „feindlichen Kontrolle" abgerufen. Solche Vorfälle verdeutlichen, wie leicht KI häusliche Umgebungen in Überwachungsorte verwandeln kann, selbst ohne böse Absicht.

Predictive Analytics ist ein weiterer Bereich, in dem KI in diffuser, aber wirkungsvoller Weise in die Privatsphäre eingreift. Algorithmen in der Strafverfolgung, im Gesundheitswesen und im Finanzwesen treffen häufig Vorhersagen über das zukünftige Verhalten von Menschen – beispielsweise über das Risiko einer Straftat, einer Infektion oder eines Zahlungsausfalls bei der Rückzahlung eines Kredits. Diese Vorhersagen können genutzt werden, um präventive Entscheidungen zu treffen, die den Zugang einer Person zu Dienstleistungen oder Möglichkeiten beeinträchtigen. Wenn diese Systeme auf verzerrten Statistiken basieren oder intransparent arbeiten, können sie systemische Ungleichheiten verstärken und sich gleichzeitig der öffentlichen Kontrolle entziehen. Darüber hinaus sind sich die Menschen oft nicht bewusst, dass solches Profiling stattfindet, geschweige denn, dass es wichtige Lebensumstände beeinflusst.

Die Entwicklung von Technologien zur Emotionserkennung und Verhaltensanalyse führt zu einer noch intensiveren Verletzung der Privatsphäre. KI-Systeme können nun Mimik, Tonfall, Körperhaltung und sogar physiologische Signale analysieren, um emotionale Zustände abzuleiten. Diese Fähigkeiten bieten zwar Potenziale für die psychische Gesundheit und den Kundenservice, laufen aber auch Gefahr, für Überwachung, Marketing oder Arbeitsplatzüberwachung missbraucht zu werden. Arbeitgeber könnten KI nutzen, um das emotionale Engagement ihrer Mitarbeiter zu erfassen, oder Geschäfte könnten ihre Preise basierend auf der Stimmungslage anpassen. Solche Programme betreten ethisch fragwürdiges Terrain und werfen Fragen zu Einwilligung, Würde und psychischer Autonomie auf.

Die internationale Reaktion auf Bedenken hinsichtlich des KI-Datenschutzes fällt uneinheitlich aus, wird aber zunehmend entschiedener. In der Europäischen Union bietet die Datenschutz-Grundverordnung (DSGVO) einen soliden Rahmen für den Datenschutz und betont Standards wie die informierte Einwilligung, das Recht auf Vergessenwerden und die Datenportabilität. Die DSGVO schränkt zudem die automatisierte Entscheidungsfindung und das Profiling in Fällen ein, in denen diese Entscheidungen Einzelpersonen besonders betreffen. Andere Länder, darunter Kanada, Brasilien und Südkorea, haben ähnliche Gesetze bereits eingeführt oder entwickeln diese gerade. In Ländern ohne umfassende Datenschutzgesetze bleiben Unternehmenspraktiken jedoch weitgehend unreguliert, wodurch Einzelpersonen der Ausbeutung ausgesetzt sind.

Selbst in Ländern mit strengen Datenschutzgesetzen bleibt die Durchsetzung eine Herausforderung. Die Komplexität von KI-Systemen erschwert die Beurteilung der Einhaltung, und den Regulierungsbehörden fehlt es oft an technischem Verständnis oder Ressourcen, um Algorithmen effektiv zu prüfen. Darüber hinaus können Unternehmen ihre Praktiken durch komplizierte Nutzungsbedingungen oder proprietäre Algorithmen verschleiern. Es besteht dringender Bedarf an Mechanismen, die algorithmische Transparenz und überprüfbare KI ermöglichen, damit Nutzer und Aufsichtsbehörden nachvollziehen können, wie Daten verwendet und Entscheidungen getroffen werden.

Differenzielle Privatsphäre, föderiertes Lernen und datenschutzfreundliches System-Mastering haben sich als technische Ansätze zur Minderung einiger dieser Risiken herauskristallisiert. Differenzielle Privatsphäre fügt Datensätzen mathematisches Rauschen hinzu, um die erneute

Identifizierung von Personen zu verhindern und gleichzeitig die Kombinationsmuster beizubehalten. Föderiertes Lernen ermöglicht KI-Modellen das Lernen über dezentrale Geräte hinweg, ohne Rohdaten auf einen zentralen Server zu übertragen, wodurch die lokale Speicherung sensibler Daten gewährleistet wird. Diese Strategien stellen vielversprechende Schritte dar, um KI-Innovation mit dem Schutz der Privatsphäre in Einklang zu bringen, auch wenn sie noch nicht weit verbreitet sind.

Trotz dieser Bemühungen bleibt die Machtasymmetrie zwischen Menschen und KI-Betreibern stark. Den meisten Nutzern fehlt das Wissen oder die Ausrüstung, um Datenmengen sinnvoll zu steuern oder das algorithmische Verhalten zu beeinflussen. Die Verantwortung für den Datenschutz wird oft den Menschen übertragen, die sich in komplexen Umgebungen und undurchsichtigen Richtlinien zurechtfinden müssen. Ein gerechterer Ansatz würde darin bestehen, Datenschutz durch Design in KI-Systeme zu integrieren – Datenschutzaspekte in die Struktur einzubetten, anstatt sie als nachträgliche oder optionale Funktion zu behandeln.

Ein weiterer Aspekt KI-bezogener Datenschutzprobleme ist der zunehmende Einsatz von Deepfakes und künstlichen Medien. KI kann hyperrealistische Bilder, Stimmen und Videos von Menschen erzeugen, oft ohne deren Zustimmung. Diese

Tools können für Satire und Kreativität, aber auch für Diffamierung, Identitätsdiebstahl und die Verbreitung nicht einvernehmlicher persönlicher Inhalte eingesetzt werden. Die verschwimmende Grenze zwischen Realität und Fälschung wirft tiefgreifende Bedenken hinsichtlich Identität, Vertrauen und Reputationsschäden auf, insbesondere wenn künstliche Medien als Waffe für Desinformationskampagnen oder private Angriffe eingesetzt werden.

In Bildungseinrichtungen, am Arbeitsplatz und bei öffentlichen Angeboten sollte der Einsatz von KI sorgfältig auf Invasivität und Einwilligungsmechanismen geprüft werden. Überwachung in Schulen, algorithmische Bewertung von Studierenden, biometrische Anwesenheitssysteme und Produktivitätstracking -Software verstärken komplexe Probleme von Autonomie, Transparenz und Zwang. Personen in solchen Umgebungen haben möglicherweise keine sinnvolle Präferenz dafür, ob und wie KI-Systeme mit ihnen interagieren, was eine informierte Einwilligung praktisch unmöglich macht.

KI bietet außergewöhnliche Vorteile, doch ihre Abhängigkeit von persönlichen Daten und ihre prädiktiven Fähigkeiten bergen tiefgreifende Datenschutzrisiken, die sofortige Aufmerksamkeit erfordern. Diese Gefahren sind nicht nur technischer oder rechtlicher Natur, sondern können auch ethischer und sozialer Natur sein. Der Schutz der Privatsphäre im Zeitalter der KI erfordert mehr als nur aktualisierte Vorschriften; er erfordert einen kulturellen Wandel hin zu mehr Datenwürde, algorithmischer Verantwortung und Selbstbestimmung. Unkontrolliert könnte die Verbreitung von KI Überwachung und Manipulation normalisieren und die Gesellschaft so verändern, dass Vertrauen, Freiheit und menschliches Handeln untergraben werden. Mit geplantem Handeln, einer starken Governance und einem datenschutzbewussten Design ist es jedoch durchaus möglich, eine KI-gesteuerte Zukunft zu gestalten, die die Rechte der Menschen und demokratische Werte respektiert.

KAPITEL 3

Technologie der Zukunft: Der Aufstieg der KI

3.1. Die technologischen Grenzen der KI

Künstliche Intelligenz hat sich in den letzten Jahren deutlich weiterentwickelt, steht aber immer noch vor zahlreichen technologischen Einschränkungen, die ihre volle Leistungsfähigkeit beeinträchtigen. Diese Hindernisse reichen von grundlegenden Problemen im Zusammenhang mit Statistik und Berechnung bis hin zu umfassenderen Herausforderungen wie moderner Intelligenz, ethischen Bedenken und Erklärbarkeit. Die Überwindung dieser Einschränkungen wird die Zukunft der KI prägen und ihre Rolle in der menschlichen Gesellschaft bestimmen.

Eine der größten Einschränkungen der KI ist ihre starke Abhängigkeit von großen Datenmengen. Machine-Learning-Modelle, insbesondere Deep-Learning-Systeme, benötigen große Datensätze, um effektiv zu funktionieren. Die Verfügbarkeit, Genauigkeit und Fairness dieser Datensätze stellen jedoch weiterhin erhebliche Herausforderungen dar. Unzuverlässige oder verzerrte Daten können zu unzuverlässigen KI-Modellen führen, die eine stärkere Unterscheidung vornehmen oder fehlerhafte Ergebnisse liefern. Zudem ist das Sammeln und Kennzeichnen großer Datensätze zeitaufwändig, teuer und birgt häufig Datenschutzbedenken.

Aktuelle KI-Strukturen fallen in die Kategorie der schlanken KI. Das bedeutet, sie sind auf bestimmte Aufgaben spezialisiert, verfügen jedoch nicht über allgemeine Intelligenz. Im Gegensatz zur menschlichen Kognition, die Problemlösung, abstraktes Denken, Gefühle und Instinkt integriert, arbeiten KI-Modelle innerhalb vordefinierter Parameter. Die Entwicklung einer künstlichen allgemeinen Intelligenz (AGI) – einer Maschine, die wie ein Mensch über mehrere Domänen hinweg denken kann – ist noch weit entfernt. AGI würde einen Durchbruch in der Systemerkennung von Paradigmen, Neurowissenschaften und kognitivem technologischem Know-how erfordern.

Die zunehmende Komplexität von KI-Modellen erfordert erhebliche Rechenressourcen. Das Training komplexer Deep-Learning-Modelle erfordert leistungsstarke Hardware wie GPUs und TPUs, die enorm viel Energie verbrauchen. Dies wirft Fragen zur Nachhaltigkeit auf, da der Energieverbrauch groß angelegter KI-Strukturen stetig zunimmt. KI-Forscher erforschen aktiv umweltfreundlichere Algorithmen und Hardwarearchitekturen. Die Balance zwischen KI-Entwicklung und Umweltauswirkungen bleibt jedoch eine Herausforderung.

KI-Modelle fungieren oft als „schwarze Bins", d. h. ihre Entscheidungsfindungsmethoden sind schwer zu interpretieren. Dieser Mangel an Transparenz ist besonders problematisch in wichtigen Bereichen wie dem Gesundheitswesen, dem Finanzwesen und dem Recht, wo

Fachwissen über die Gründe für KI-basierte Entscheidungen unerlässlich ist. Das Thema „Erklärbare KI" (XAI) versucht, diese Schwierigkeit zu bewältigen, indem Methoden entwickelt werden, die die Entscheidungsfindung von KI interpretierbarer und wahrheitsgetreuer machen. Die vollständige Erklärung komplexer Deep-Learning-Modelle bleibt jedoch ein fortlaufendes Unterfangen.

Die schnelle Verbreitung von KI bringt neue moralische Dilemmata und Sicherheitsrisiken mit sich. Technologien wie Deepfakes können für Falschinformationen und Betrug genutzt werden, während autarke Strukturen die Verantwortungs- und Fairnessfragen verstärken. Darüber hinaus kann KI als Waffe für Cyberangriffe, Massenüberwachung und militärische Programme eingesetzt werden. Um eine ethische KI-Entwicklung zu gewährleisten, sind strenge Richtlinien, ethische Leitlinien und weltweite Zusammenarbeit erforderlich.

Trotz Verbesserungen in der KI-generierten Kunst, Musik und Literatur kämpft KI immer noch mit echter Kreativität und emotionaler Intelligenz. Sie kann zwar kreative Muster nachahmen und neuartige Inhalte generieren, doch fehlt ihr die menschliche Fähigkeit, aus kreativen Bemühungen Bedeutung, Emotionen und Originalität abzuleiten. Ebenso kann KI keine Emotionen klar empfinden oder empathische Verbindungen aufbauen, was ihre Rolle in Bereichen einschränkt, die eine intensive menschliche Interaktion erfordern, wie Therapie und Beratung.

Die technologischen Hindernisse der KI beschreiben ihre aktuellen Fähigkeiten und ihre zukünftige Entwicklung. Während Forscher weiterhin die Grenzen der KI erweitern, kann die Überwindung von Herausforderungen in Bezug auf Datenabhängigkeit, allgemeine Intelligenz, Stromverbrauch, Erklärbarkeit, Ethik und emotionale Expertise von entscheidender Bedeutung sein. Die Entwicklung der KI wird davon abhängen, wie diese Grenzen überwunden werden und letztendlich die Verbindung zwischen Mensch und Maschine in den kommenden Jahren prägen.

3.2. Zukünftige KI-Anwendungen

Künstliche Intelligenz gestaltet verschiedene Branchen rasant um, und ihre Zukunftsprogramme versprechen noch revolutionärere Entwicklungen. Da sich KI-Technologien weiterhin anpassen, wird erwartet, dass sie eine wichtige Rolle im Gesundheitswesen, im Schulwesen, im Transportwesen, in der Unterhaltung und in der Medizin spielen. Die Kombination aus Gadget-Mastering, Deep Mastering und fortschrittlicher Robotik wird zu bahnbrechenden Innovationen führen und das menschliche Leben und die Gesellschaft auf beispiellose Weise verändern.

Eine der vielversprechendsten Anwendungen von KI liegt im Gesundheitswesen. Zukünftige KI-gesteuerte Systeme

werden Krankheiten mit unübertroffener Genauigkeit
diagnostizieren, Behandlungen basierend auf genetischen
Profilen anpassen und potenzielle Gesundheitsrisiken frühzeitig
erkennen können. KI-gestützte Diagnosegeräte werden die
klinische Bildgebung revolutionieren und Anomalien in
Röntgen-, MRT- und CT-Aufnahmen schneller und präziser
erkennen als menschliche Radiologen.

Darüber hinaus wird KI voraussichtlich eine wichtige
Rolle in der Roboterchirurgie spielen. Autonome
Operationsroboter werden menschliche Chirurgen bei der
Durchführung komplexer Verfahren mit hoher Präzision
unterstützen oder ihnen sogar den entscheidenden Schritt
voraus sein. Personalisierte Medizin, basierend auf KI-
gestützter genetischer Analyse, ermöglicht es Ärzten,
Behandlungen individuell auf Patienten abzustimmen, die
Wirksamkeit zu maximieren und Nebenwirkungen zu
minimieren. Darüber hinaus wird die KI-basierte
Arzneimittelforschung die Entwicklung neuer
Arzneimittelbehandlungen durch die Auswertung
umfangreicher Datensätze und die Vorhersage potenzieller
Wechselwirkungen vorantreiben.

KI wird die Bildung revolutionieren, indem sie
individuelle Lernerfahrungen ermöglicht, die auf die
Bedürfnisse jedes Schülers zugeschnitten sind. Adaptive
Lernsysteme analysieren die Leistung der Schüler in Echtzeit

und passen Unterrichtspläne und Schwierigkeitsstufen entsprechend an. KI-gestützte Nachhilfesysteme liefern sofortiges Feedback und helfen Schülern, schwierige Konzepte effizienter zu verstehen.

In Zukunft könnten KI-gestützte virtuelle Lehrer und Chatbots interaktive Anweisungen geben und so Schülern weltweit und unabhängig von ihrer Region den Zugang zu Bildung erleichtern. KI könnte auch die Sonderpädagogik verbessern und Schülern mit Lernschwierigkeiten individuelle Unterstützung bieten, um sicherzustellen, dass sie die notwendige Unterstützung erhalten, um ihr volles Potenzial auszuschöpfen.

Die Transportbranche steht vor einem KI-getriebenen Wandel. Selbstfahrende Autos, Transporter und Drohnen werden sich voraussichtlich durchsetzen, Unfälle durch menschliches Versagen reduzieren und die Verkehrsleistung verbessern. KI ermöglicht autonomen Fahrzeugen, sich in komplexen Stadtumgebungen zurechtzufinden, mit Fußgängern zu interagieren und Routen in Echtzeit zu optimieren.

Über den Individualverkehr hinaus wird KI auch den öffentlichen Nahverkehr revolutionieren. Smart-City-Projekte werden KI -gesteuerte Verkehrsmanagementsysteme integrieren, den Verkehr optimieren, Staus reduzieren und Emissionen senken. KI-gestütztes Logistik- und Lieferkettenmanagement wird die Transportnetzwerke rationalisieren und dafür sorgen, dass Waren schneller und effizienter geliefert werden.

KI wird die Freizeitbranche neu definieren, indem sie personalisierte Erlebnisse für Verbraucher schafft. Zukünftige KI-Algorithmen werden Verbraucherpräferenzen analysieren und maßgeschneiderte Inhalte generieren – von Filmen und Musik über Videospiele bis hin zu interaktivem Storytelling. KI-generierte Musik, Kunst und Literatur werden immer moderner und entstehen Werke, die von menschlichen Werken nicht mehr zu unterscheiden sind.

KI-gestützte Virtual Reality (VR) und Augmented Reality (AR)-Studien werden immersiver und verwischen die Grenze zwischen Realität und virtuellen Umgebungen. KI-gestützte Chatbots und digitale Assistenten sorgen für besonders interaktive Gaming-Erlebnisse und ermöglichen Spielern die Interaktion mit lebensechten Charakteren mit präzisen Persönlichkeiten und adaptiven Reaktionen.

KI wird eine zentrale Rolle in der medizinischen Forschung spielen und Entdeckungen in Physik, Chemie, Biologie und Weltraumforschung beschleunigen. KI-gestützte Simulationen und prädiktive Modellierung ermöglichen es Wissenschaftlern, Hypothesen effektiver zu überprüfen und so Zeit und Kosten für Experimente zu senken.

In der Astronomie wird KI umfangreiche Datenmengen aus Teleskopen analysieren und Wissenschaftler dabei unterstützen, Exoplaneten zu erkennen, kosmische Anomalien zu lokalisieren und die Geheimnisse des Universums zu lüften. KI wird auch zur Wetterforschung beitragen, indem sie Umweltveränderungen modelliert, Naturkatastrophen vorhersagt und Strategien zur Eindämmung des Klimawandels optimiert.

Zukünftige KI-Programme werden jeden Aspekt des menschlichen Lebens verändern, von der Gesundheitsversorgung und Ausbildung über Transport und Freizeit bis hin zur klinischen Forschung. Mit der Weiterentwicklung der KI-Technologie wird ihre Fähigkeit, Leistung, Kreativität und Problemlösungskompetenz zu verbessern, Industrie und Gesellschaft neu definieren. Mit diesen Verbesserungen gehen jedoch auch moralische Bedenken, Sicherheitsbedenken und der Wunsch nach verantwortungsvoller KI-Entwicklung einher, um eine gesunde Zukunft für die Menschheit zu gewährleisten.

3.3. Interaktion zwischen Mensch und KI

Das Zusammenspiel von Mensch und künstlicher Intelligenz wird immer komplexer und ist tief in den Alltag integriert. KI ist nicht mehr auf Forschungslabore oder Geschäftsanwendungen beschränkt; sie spielt heute eine wichtige Rolle bei persönlichen Assistenten, im Gesundheitswesen, in der Ausbildung und sogar bei emotionaler Begleitung. Da KI-Strukturen immer moderner werden, ist das Wissen darüber, wie Menschen mit diesen intelligenten Maschinen interagieren, entscheidend für die Gestaltung der Zukunft von Generation und Gesellschaft.

Die Art und Weise, wie Menschen mit KI interagieren, hat sich im Laufe der Zeit erheblich weiterentwickelt. Frühe KI-Systeme wurden häufig für Rechenaufgaben und Automatisierung eingesetzt, für deren Ausführung spezielle Kenntnisse erforderlich waren. Mit Fortschritten in der natürlichen Sprachverarbeitung (NLP) und im maschinellen Lernen ist KI jedoch intuitiver und benutzerfreundlicher geworden.

• Befehlsbasierte Interaktion: Frühe KI-Systeme beruhten auf befehlsbasierten Systemen, die von den Benutzern die Eingabe eindeutiger Befehle erforderten.

• Grafische Benutzeroberflächen (GUIs): Der Aufstieg des privaten Computing brachte grafische Oberflächen hervor, die es Benutzern ermöglichten, über Menüs und Symbole mit KI-gesteuerten Strukturen zu interagieren.

• Konversations-KI: Moderne KI-Assistenten wie Siri, Alexa und Google Assistant verwenden die Verarbeitung natürlicher Sprache, um gesprochene oder geschriebene Anweisungen zu verstehen, wodurch die KI-Interaktion nahtloser wird.

• Emotional intelligente KI: Zukünftige KI-Strukturen sind darauf ausgerichtet, menschliche Emotionen zu verstehen und darauf zu reagieren, wodurch tiefere und bedeutungsvollere Interaktionen ermöglicht werden.

KI wird zunehmend als kollaboratives Werkzeug und nicht mehr als unbedeutendes Automatisierungsinstrument eingesetzt. In vielen Bereichen verbessert KI menschliche Fähigkeiten, anstatt sie zu ersetzen.

• Im Gesundheitswesen: KI unterstützt Ärzte bei der Diagnose von Krankheiten, der Empfehlung von Behandlungen oder sogar bei der Durchführung robotergestützter Operationen. Menschliches Wissen bleibt jedoch für kritische Entscheidungen und ethische Überlegungen unerlässlich.

• Im Geschäftsleben: KI-gestützte Analysen unterstützen Unternehmen dabei, datenbasierte Entscheidungen zu treffen, Marketingstrategien zu optimieren und Markttrends vorherzusehen. Menschen bieten die Kreativität und das strategische Denken, die KI fehlen.

• Im kreativen Bereich: KI wird zunehmend eingesetzt, um Kunst zu schaffen, Musik zu komponieren und Literatur zu schreiben. Menschlicher Input ist jedoch unerlässlich, um KI-generierten Inhalten emotionale Tiefe, Originalität und kulturelle Relevanz zu verleihen.

Die Zukunft der Mensch-KI-Zusammenarbeit wird wahrscheinlich hybride Intelligenz beinhalten, bei der KI die kognitiven Fähigkeiten des Menschen ergänzt, anstatt sie zu ersetzen.

Mit zunehmender Komplexität von KI-Strukturen interagieren sie zunehmend auf sozialer und emotionaler Ebene mit Menschen. KI-gestützte Chatbots und digitale Begleiter werden entwickelt, um emotionale Unterstützung zu bieten, bei der Behandlung psychischer Erkrankungen zu helfen und älteren Menschen Gesellschaft zu leisten.

• KI in der psychischen Gesundheit: KI-gesteuerte Chatbots wie Woebot und Replika bieten Konversationstherapie und mentale Unterstützung für Benutzer, die unter Stress, Angst oder Einsamkeit leiden.

• KI-Gesellschaft: Soziale Roboter wie Paro (eine Roboterrobbe) und Pepper (ein humanoider Roboter) werden in Altenpflegeeinrichtungen eingesetzt, um Gesellschaft zu bieten und das Gefühl der Isolation zu verringern.

• KI im Kundenservice: KI-gestützte Kundendienstanbieter verbessern das Benutzererlebnis durch die Bereitstellung sofortiger Antworten und personalisierter Hinweise.

Allerdings ergeben sich ethische Bedenken hinsichtlich der Fähigkeit der KI, Emotionen zu manipulieren, in die Privatsphäre einzudringen und gefährliche Abhängigkeiten von künstlicher Gesellschaft zu schaffen.

Trotz der Segnungen der Mensch-KI-Interaktion müssen mehrere Herausforderungen und moralische Probleme angegangen werden.

- Voreingenommenheit bei der Entscheidungsfindung durch KI: KI-Systeme, die mit voreingenommenen Datensätzen trainiert werden, können auch stärkere soziale Vorurteile und Diskriminierung hervorrufen, was zu unfairen Auswirkungen führen kann.

- Datenschutzbedenken: KI-gestützte Geräte sammeln riesige Mengen persönlicher Daten, was Bedenken hinsichtlich Überwachung und Datenschutz aufkommen lässt.

- Abhängigkeit von KI: Eine übermäßige Abhängigkeit von KI kann in bestimmten Branchen zu einem Rückgang der menschlichen Denkkompetenz und zu einer Arbeitsplatzverlagerung führen.

- Vertrauen und Transparenz: KI-Systeme müssen erklärbar und transparent sein, um die Zustimmung der Öffentlichkeit zu gewinnen und eine verantwortungsvolle Entscheidungsfindung zu gewährleisten.

Das Zusammenspiel von Mensch und KI prägt die Zukunft von Technologie, Gesellschaft und Kultur. KI ergänzt menschliche Fähigkeiten und bietet wertvolle Unterstützung, ethische Bedenken müssen jedoch sorgfältig kontrolliert werden, um eine verantwortungsvolle Entwicklung zu gewährleisten. Ziel ist nicht die Aktualisierung der menschlichen Intelligenz, sondern die Schaffung von KI-Systemen, die mit dem Menschen zusammenarbeiten und Kreativität, Effizienz und allgemeines Wohlbefinden verbessern. Da sich KI ständig weiterentwickelt, ist die Balance zwischen technologischem Fortschritt und moralischer Verantwortung für eine harmonische Zukunft unerlässlich.

3.4. Die Rolle des Quantencomputings in der KI-Entwicklung

Quantencomputing stellt eine der transformativsten technologischen Grenzen des 21. Jahrhunderts dar und verspricht, die Landschaft der künstlichen Intelligenz (KI) durch die Einführung völlig neuer Berechnungsparadigmen zu revolutionieren. Während herkömmliche Computersysteme für Berechnungen auf Binärbits (Nullen und Einsen) angewiesen sind, nutzen Quantencomputer Quantenbits (Qubits), die die Konzepte der Superposition und Verschränkung nutzen, um Daten auf nahezu einzigartige Weise zu verarbeiten. Dadurch können Quantencomputer bestimmte Probleme exponentiell schneller lösen als ihre klassischen Gegenstücke und könnten eine neue Generation hyper-grüner KI-Systeme ermöglichen. Die Schnittstelle zwischen Quantencomputing und KI stellt eine entscheidende Innovationsachse dar und wird maschinelles Lernen, Optimierung, Datenverarbeitung und die Leistungsgrenzen intelligenter Systeme neu definieren.

Eine der größten Herausforderungen in der traditionellen KI-Entwicklung ist der hohe Rechenaufwand beim Training komplexer Modelle. Insbesondere Deep-Learning-Algorithmen benötigen große Datenmengen und viel Zeit zum Trainieren und erfordern häufig leistungsstarke GPUs und eine umfangreiche Cloud-Infrastruktur. Quantencomputing bietet die Möglichkeit, diese Prozesse deutlich zu beschleunigen. Quantenparallelität ermöglicht die gleichzeitige Untersuchung mehrerer Lösungen und reduziert so den Zeitaufwand für Modelltraining und Inferenz. Algorithmen wie der Quantum Approximate Optimization Algorithm (QAOA) und Quantum Support Vector Machines sind erste Anzeichen dafür, wie die Quantenmechanik für KI-spezifische Aufgaben angepasst werden könnte. Diese Algorithmen versprechen eine effizientere Verarbeitung hochdimensionaler Daten und werden langfristig traditionelle Machine-Learning-Methoden ersetzen oder ergänzen.

Ein weiterer Bereich, in dem Quantencomputing einen bedeutenden Einfluss haben könnte, sind Optimierungsverfahren, die für viele KI-Anwendungen von zentraler Bedeutung sind. Optimierungsprobleme – wie Terminplanung, Logistik, Portfoliomanagement und neuronale Netzwerkoptimierung – beinhalten regelmäßig die Erforschung großer Lösungsräume. Klassische Methoden wie Gradientenabstieg oder Brute-Force-Suche sind zeitaufwändig und führen gelegentlich zu suboptimalen Ergebnissen. Quanten-Annealing und Gate-basierte Quantenalgorithmen können solche Probleme effektiver lösen, indem sie mehrere Lösungen gleichzeitig erforschen und globale Optima finden, anstatt sich mit lokalen zufrieden zu geben. Dies könnte für

KI-Systeme, die Echtzeitentscheidungen unter komplexen Bedingungen treffen müssen, wie z. B. autonome Fahrzeuge oder Robotersysteme in dynamischen Umgebungen, revolutionär sein.

Quantenbasiertes maschinelles Lernen (QML) ist ein weiteres aufstrebendes Forschungsgebiet, das untersucht, wie Quantensysteme maschinelles Lernen effizienter ausführen können als klassische Systeme. Es werden hybride quantenklassische Modelle entwickelt, um die Vorteile beider Welten zu vereinen: Sie nutzen Quantenprozessoren zur Bearbeitung rechenintensiver Unterprogramme, während der Rest klassischen Computern überlassen bleibt. Diese hybriden Strukturen sind besonders vielversprechend im Kontext von verrauschten Quantensystemen mittlerer Größenordnung (NISQ), die, obwohl noch nicht fehlertolerant, bereits bestimmte Arten von Quantenalgorithmen ausführen können. Variationale Quantenklassifikatoren (VQCs) und Quantenneuronale Netze (QNNs) sind Beispiele dafür, wie Quantenstrukturen in maschinelle Lernprozesse integriert werden können. Dies könnte zu schnellerer Konvergenz und besserer Generalisierung bei Aufgaben wie Mustererkennung, Anomalieerkennung und natürlicher Sprachverarbeitung führen.

Darüber hinaus passt die probabilistische Natur des Quantencomputings gut zu Bayes'schen Methoden in der KI, die sich mit Unsicherheit und Inferenz befassen. Quantenalgorithmen ermöglichen eine effizientere Stichprobenziehung aus komplexen Wahrscheinlichkeitsverteilungen, ein Projekt, das für klassische Systeme rechenintensiv ist. Dies könnte insbesondere für probabilistische grafische Modelle und generative KI-Systeme wie GANs und Variational Autoencoder von Vorteil sein. Quantenoptimierte Stichprobenziehung könnte es diesen Modellen ermöglichen, aus spärlichen Statistiken zu lernen oder die Feinheiten realer Verteilungen besser zu erfassen, was KI-Systeme letztlich robuster und fähiger zur Datendifferenzierung macht.

Trotz vielversprechender Ansätze steckt die Integration von Quantencomputing in die KI noch in den Kinderschuhen. Aktuelle Quantencomputer sind durch Qubit-Anzahl, Fehlerquoten und Dekohärenz eingeschränkt, was ihre praktische Anwendung erschwert. Erhebliche Investitionen von Regierungen, Forschungseinrichtungen und privaten Unternehmen deuten jedoch darauf hin, dass eine rasante Entwicklung im Gange ist. Unternehmen wie IBM, Google, Rigetti und D-Wave liefern sich ein Wettrennen um die Entwicklung robusterer und skalierbarer Quantenprozessoren. Parallel dazu bieten Software- Frameworks wie Qiskit, Cirq und PennyLane Forschern die Möglichkeit, Quantenalgorithmen zu testen und in KI-Pipelines zu integrieren. Mit der Weiterentwicklung der Hardware und der Entwicklung von

Software-Ökosystemen werden die Zugangsbeschränkungen für die Quanten-KI-Entwicklung wahrscheinlich abnehmen und das Feld einem breiteren Spektrum an Innovatoren öffnen.

Langfristig kann Quantencomputing auch völlig neue Formen der KI ermöglichen, die über bestehende Paradigmen hinausgehen. Konzepte wie Quantenkognition und Quantenentscheidungstheorie legen nahe, dass menschliches Denken quantenähnliche Eigenschaften besitzt, darunter Kontextualität und Verschränkung von Wahrnehmungszuständen. Bewahren sich diese Theorien, könnten Quantencomputersysteme in einzigartiger Weise für die Simulation und Modellierung menschenähnlicher Intelligenz geeignet sein. Mit zunehmender Komplexität und Autonomie von KI-Systemen wird zudem ihr Bedarf an effizientem Lernen und Denken unter Unsicherheit steigen – genau bei Aufgaben, bei denen quantenbasiertere Systeme ebenfalls hervorragende Leistungen erbringen könnten.

Quantencomputing birgt das Potenzial, die Entwicklung künstlicher Intelligenz deutlich zu beschleunigen und zu revolutionieren. Von kürzeren Lernzeiten und verbesserter Optimierung bis hin zu leistungsfähigeren generativen Modellen und neuartigen Paradigmen des maschinellen Lernens – die Synergie zwischen Quantencomputing und KI verspricht, einige der Engpässe moderner Systeme zu überwinden. Zwar bestehen noch viele technische und theoretische Hürden, doch die Konvergenz dieser beiden Bereiche könnte einen Wendepunkt in der Entwicklung intelligenter Maschinen markieren und zu Durchbrüchen führen, die allein mit klassischen Berechnungen bislang als unerreichbar galten. Je näher wir der realistischen Quantenüberlegenheit kommen, desto mehr könnte die Zukunft der KI nicht nur auf Algorithmen und Daten beruhen, sondern auch auf den ungewöhnlichen und komplexen Gesetzen der Quantenmechanik.

3.5. KI in wissenschaftlicher Entdeckung und Forschung

Künstliche Intelligenz hat sich als transformative Kraft im Bereich der medizinischen Entdeckung und Forschung erwiesen. Sie beschleunigt den Wissenserwerb und verbessert die Präzision experimenteller und theoretischer Untersuchungen. Von der Interpretation von Proteinstrukturen bis zur Simulation kosmischer Phänomene verändert KI die wissenschaftliche Technik, indem sie Werkzeuge bereitstellt, die analysieren, anpassen und Muster erkennen können, die weit über die Fähigkeiten der menschlichen Wahrnehmung hinausgehen.

Einer der modernsten Einflüsse von KI auf die Technologie zeigt sich im Bereich der biomedizinischen Forschung. DeepMinds AlphaFold beispielsweise konnte die 3D-Struktur von Proteinen mit beispielloser Genauigkeit vorhersagen und damit ein jahrzehntelanges Großprojekt der Biologie lösen. Die Fähigkeit, die Proteinfaltung rechnerisch vorherzusagen, reduziert nicht nur Zeit und Kosten für Laborexperimente, sondern eröffnet auch neue Wege in der Arzneimittelforschung, im Enzymdesign und in der künstlichen Biologie. Traditionelle Trial-and-Error-Verfahren, die Jahre dauern konnten, können nun durch KI-gesteuerte Modelle beschleunigt werden, die potenzielle Kandidaten für therapeutische Wirkstoffe innerhalb von Tagen oder Wochen identifizieren.

In der Materialtechnologie werden KI-Algorithmen eingesetzt, um die Eigenschaften neuer Materialien vor ihrer Synthese vorherzusagen. Dies ist insbesondere in Bereichen wie der Batterietechnologie von Nutzen, in denen Forscher maschinelles Lernen nutzen, um neue Elektrodenverbindungen oder Festkörperelektrolyte mit verbesserter Leistung und Stabilität zu entwickeln. Die von mehreren Regierungen und Institutionen unterstützte Materials Genome Initiative nutzt KI, um Funktionen auf atomarer Ebene mit makroskopischen Materialeigenschaften zu korrelieren und so den Zeitaufwand für die Erforschung und den Einsatz neuer Materialien deutlich zu verkürzen.

Auch Klimatechnologie und Umweltmodellierung wurden durch KI deutlich bereichert. Komplexe Modelle zur Simulation globaler Klimamuster, der Atmosphärenchemie und der Meeresströmungen erfordern enorme Rechenressourcen und komplexe Analysegeräte. KI verbessert diese Modelle, indem sie die Vorhersagegenauigkeit verbessert und die Datenassimilation in Echtzeit ermöglicht. KI-Modelle können beispielsweise schwere Wetterereignisse vorhersagen oder Satellitenbilder analysieren, um Abholzung und Gletscherschwund abzubilden. Diese Instrumente unterstützen nicht nur das wissenschaftliche Verständnis, sondern beeinflussen auch politische Entscheidungen zur Klimareduktion und -minderung.

In der Astrophysik und Kosmologie wird KI eingesetzt, um riesige Datensätze zu sichten, die von oberirdischen und weltraumgestützten Teleskopen generiert werden. Projekte wie die Sloan Digital Sky Survey und das kommende Vera C. Rubin Observatory produzieren pro Nacht Terabyte an Daten, die manuell nicht verarbeitet werden könnten. KI-Systeme können Galaxien klassifizieren, Exoplaneten identifizieren, kurzzeitige Phänomene wie Supernovae entdecken und sogar bei der Detektion von Gravitationswellen helfen. Algorithmen des maschinellen Lernens können subtile Muster in verrauschten Daten erkennen und so Entdeckungen ermöglichen, die sonst unbemerkt bleiben würden.

Darüber hinaus revolutioniert KI die Planung und Durchführung medizinischer Experimente. KI-gestützte Laborautomatisierung ermöglicht selbstfahrende Labore, die Hypothesen formulieren, Experimente planen, Tests durchführen und Ergebnisse mit minimalem menschlichen Eingriff untersuchen können. Diese unabhängigen Studiensysteme durchlaufen experimentelle Zyklen deutlich schneller als der Mensch und verfeinern mit jedem Zyklus die Modelle und Ergebnisse. Beispielsweise können KI-gesteuerte Roboterchemiker Hunderte chemischer Reaktionen gleichzeitig überprüfen und aus jedem Ergebnis lernen, um den nächsten Schritt zu steuern.

In den Neuro- und Kognitionswissenschaften werden KI-Modelle, die durch menschliche neuronale Netze stimuliert werden, sowohl zur Simulation der Gehirnaktivität als auch zur Analyse komplexer bildgebender Daten eingesetzt. Dieser bidirektionale Austausch – bei dem die Biologie die KI informiert und die KI die Biologie entschlüsselt – erzeugt eine Rückkopplungsschleife, die beide Bereiche voranbringt. Forscher nutzen Deep Learning, um Gehirnaktivität abzubilden, neuronale Störungen zu erkennen und sogar Muster im Zusammenhang mit Gedächtnis, Emotionen und Denken zu interpretieren.

KI ist auch in der Genomik und Strukturbiologie von Bedeutung, wo umfangreiche genomische, transkriptomische und proteomische Daten interpretiert werden müssen, um Gengesetze, Krankheitsverläufe und Evolutionsdynamiken zu verstehen. Maschinelles Lernen kann Biomarker für Krankheiten identifizieren, genetische Prädispositionen vorhersagen und die komplexen Wechselwirkungen innerhalb biologischer Strukturen modellieren. Dies trägt zur Präzisionsmedizin bei, bei der Behandlungen auf individuelle genetische Profile zugeschnitten werden können.

In den Sozialwissenschaften werden KI-gestützte Werkzeuge zur natürlichen Sprachverarbeitung eingesetzt, um historische Texte, Umfrageergebnisse und umfangreiche Verhaltensdaten zu analysieren. Diese Techniken ermöglichen es Forschern, Merkmale menschlichen Verhaltens, der Stimmung und des Lebensstils zu entdecken, die bisher unzugänglich waren. KI ermöglicht die Simulation wirtschaftlicher Strukturen, die Modellierung sozialer Netzwerke und die Echtzeitanalyse der globalen öffentlichen Meinung anhand von Statistiken aus sozialen Medien und Informationsressourcen.

Mit diesen Entwicklungen nehmen auch ethische Bedenken zu. Die zunehmende Nutzung von KI in der Forschung verstärkt die Bedenken hinsichtlich Transparenz, Voreingenommenheit und Reproduzierbarkeit. Es besteht dringender Bedarf an erklärbaren KI-Modellen, die nicht nur präzise Vorhersagen liefern, sondern auch Einblicke in die zugrunde liegenden Überlegungen ermöglichen. Offene Technologieprojekte und interdisziplinäre Zusammenarbeit sind entscheidend, um sicherzustellen, dass KI-Tools verfügbar, interpretierbar und ethisch vertretbar eingesetzt werden.

Die Integration von KI in wissenschaftliche Entdeckungen stellt nicht nur neue Werkzeuge dar, sondern auch einen Paradigmenwechsel in der Anwendung technologischen Wissens. Sie erweitert die menschliche Intuition mit rechnerischer Präzision, ermöglicht Forschung in bisher unerreichbarem Maßstab und beschleunigt die Umsetzung von Informationen in Software. Da sich KI ständig weiterentwickelt, kann sie einige der tiefsten Geheimnisse der Natur – vom Ursprung der Existenz bis zum Schicksal des Universums – lüften und eine neue Generation der Aufklärung fördern, die von intelligenten Maschinen angetrieben wird.

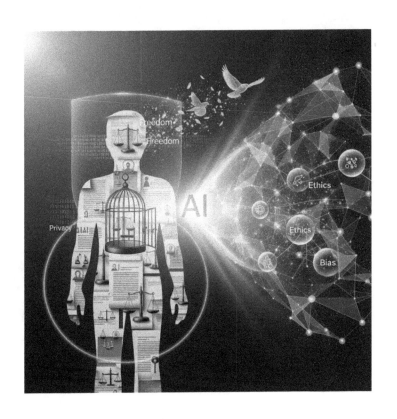

KAPITEL 4

KI und Menschenrechte

4.1. Künstliche Intelligenz und ethische Fragen

Die Einführung Künstlicher Intelligenz (KI) bringt tiefgreifende moralische Herausforderungen mit sich, die sich über verschiedene Dimensionen von Gesellschaft, Zeit und Politik erstrecken. Da KI-Systeme zunehmend in das alltägliche Leben integriert werden, wachsen die Bedenken hinsichtlich ihrer ethischen Auswirkungen. Diese Probleme beschränken sich nicht nur auf die Theorie, sondern haben reale, internationale Auswirkungen auf Privatsphäre, Entscheidungsfindung, Gerechtigkeit und Menschenrechte. Das Verständnis dieser ethischen Bedenken ist entscheidend, um die Zukunft der KI zu meistern und gleichzeitig sicherzustellen, dass sie der Menschheit verantwortungsvoll und gerecht dient.

Eine der zentralen ethischen Fragen im Zusammenhang mit KI ist die Frage der Verantwortlichkeit. Wenn KI-Systeme Entscheidungen treffen – sei es im Gesundheitswesen, in der Strafverfolgung oder im Finanzwesen – wer trägt die Verantwortung für die Ergebnisse? Trifft ein KI-System eine fehlerhafte Entscheidung, die zu Schäden führt, wird die Frage der rechtlichen Verantwortung komplex. Ist der Ersteller des Regelwerks verantwortlich oder das KI-System selbst? Diese Fragen stellen herkömmliche Vorstellungen von Verantwortung in Frage und erfordern die Entwicklung neuer strafrechtlicher Rahmenbedingungen, die den spezifischen Merkmalen von KI gerecht werden.

Ein weiteres wichtiges ethisches Problem ist die Transparenz. Viele KI-Systeme, insbesondere solche, die vollständig auf maschinellem Lernen basieren, funktionieren als „schwarze Boxen", was bedeutet, dass ihre Entscheidungsfindungsmethoden selbst von ihren Entwicklern nicht leicht verständlich sind. Diese Intransparenz verstärkt die Sorge um Gerechtigkeit und Voreingenommenheit. KI-Algorithmen können zudem unbeabsichtigt bestehende gesellschaftliche Vorurteile – beispielsweise in Bezug auf Rasse, Geschlecht oder sozioökonomischen Status – verewigen, wenn sie auf verzerrten Statistiken basieren. Diese Vorurteile können diskriminierende Folgen haben, insbesondere in Bereichen wie Personalbeschaffung, Kreditvergabe und Strafverfolgung. Die Transparenz, Erklärbarkeit und Überprüfbarkeit von KI-Systemen ist entscheidend, um einen fairen und gerechten Einsatz zu gewährleisten.

Darüber hinaus wirft die Fähigkeit von KI, menschliche Arbeitskräfte in verschiedenen Branchen zu ersetzen, große ethische Fragen im Zusammenhang mit Arbeitslosigkeit und finanzieller Ungleichheit auf. Da KI-Systeme Aufgaben automatisieren, die traditionell von Menschen erledigt wurden, könnten Millionen von Arbeitsplätzen verloren gehen, insbesondere in Branchen wie Fertigung, Einzelhandel und Transport. KI kann zwar zu Leistungssteigerungen und

Kosteneinsparungen führen, kann aber auch die Vermögensungleichheit verschärfen, wenn diejenigen, die KI-Technologien besitzen und kontrollieren, überproportional von ihren Vorteilen profitieren. Ethische Bedenken hinsichtlich der Verteilung wirtschaftlicher Vorteile und der Verantwortung von Unternehmen und Regierungen, Arbeitsplatzverluste und Umschulungen zu bewältigen, sind unerlässlich, um die negativen sozialen Auswirkungen von KI abzumildern.

Datenschutz ist eine weitere entscheidende moralische Schwierigkeit im Bereich der KI. KI-Technologien, insbesondere solche, die Daten Überwachung und Datensicherung bergen erhebliche Risiken für die Privatsphäre. KI-Systeme können große Mengen persönlicher Daten aus Online-Aktivitäten, sozialen Medien oder sogar aus der physischen Umgebung sammeln, oft ohne die ausdrückliche Zustimmung der Betroffenen. Der Einsatz von KI zur Überwachung – sei es durch Regierungen oder private Behörden – verstärkt die Besorgnis über die Aushöhlung der Privatsphäre und den möglichen Machtmissbrauch. Die Abwägung zwischen dem Bedarf an datenbasierten Innovationen und dem Schutz der Menschenrechte ist ein wichtiges ethisches Dilemma, das sorgfältig angegangen werden muss.

Die Schnittstelle zwischen KI und menschlicher Autonomie stellt zugleich eine zentrale ethische

Herausforderung dar. Die Fähigkeit der KI, autonom Entscheidungen zu treffen, insbesondere in Lebens- und Todessituationen (wie etwa bei selbstfahrenden Autos oder autonomen Waffensystemen), wirft grundlegende Fragen zur Rolle menschlicher Entscheidungsfreiheit auf. Sollten KI-Systeme Entscheidungen treffen dürfen, die Menschenleben betreffen, und wenn ja, welche moralischen Richtlinien sollten solche Entscheidungen bestimmen? Die Debatte um autonome Waffen berührt beispielsweise Fragen der moralischen Verantwortung und die Gefahr einer entmenschlichenden Kriegsführung. Mit der Weiterentwicklung der KI ist es unerlässlich, ethische Grenzen zu setzen, die das menschliche Wohlergehen und die Menschenwürde in den Vordergrund stellen.

Schließlich birgt die Fähigkeit der KI, die menschliche Intelligenz zu übertreffen – ein Schlüsselfaktor für die Entwicklung superintelligenter Systeme – existenzielle Gefahren. Übertrifft die KI die menschlichen kognitiven Fähigkeiten, kann sie ihre persönlichen Ziele und Agenden erweitern, die nicht mit menschlichen Interessen vereinbar sind. Die Vorstellung einer „Singularität", in der die KI so überlegen wird, dass sie nicht mehr vom Menschen kontrolliert werden kann, wirft tiefgreifende ethische Fragen über die Zukunft der Menschheit auf. Wie können wir sicherstellen, dass die KI-Entwicklung mit menschlichen Werten im

Einklang bleibt und überlegene KI-Strukturen verantwortungsvoll und angemessen weiterentwickelt werden?

Die Auseinandersetzung mit diesen ethischen Fragen erfordert eine interdisziplinäre Zusammenarbeit zwischen Ethikern, Technikern, politischen Entscheidungsträgern und der breiten Öffentlichkeit. Es ist entscheidend, Rahmenbedingungen und Regeln zu entwickeln, die die verantwortungsvolle Entwicklung und den Einsatz von KI-Technologie unterstützen. Ethische Fragen müssen von Anfang an in die Design- und Entwicklungstaktiken integriert werden, um sicherzustellen, dass KI-Systeme fair, verantwortungsbewusst, transparent und unter Berücksichtigung der Menschenwürde entwickelt werden.

Mit der fortschreitenden Verbesserung der KI werden die damit verbundenen ethischen Herausforderungen immer komplexer. Durch die proaktive Auseinandersetzung mit diesen Problemen kann die Gesellschaft die Zukunft der KI so gestalten, dass ihr Nutzen maximiert und ihre Risiken minimiert werden. Letztlich hängt der ethische Einsatz von KI von unserer kollektiven Fähigkeit ab, Innovation und Verantwortung in Einklang zu bringen und sicherzustellen, dass KI der Menschheit dient und die Werte unserer Gesellschaft wahrt.

4.2. Rechtliche Fragen und Vorschriften

Der Aufschwung der Künstlichen Intelligenz (KI) bringt eine Vielzahl rechtlicher Herausforderungen mit sich, die die Einführung neuer Rahmenbedingungen und Regeln erfordern. Diese Herausforderungen erstrecken sich über viele Sektoren und beinhalten Probleme im Zusammenhang mit geistigem Eigentum, Haftung, Datenschutz und der Regulierung von KI-Systemen. Da KI immer stärker in bestimmte Bereiche der Gesellschaft eindringt, müssen sich die Justizsysteme anpassen, um sicherzustellen, dass die Technologie ethisch, angemessen und im Einklang mit den Menschenrechten eingesetzt wird.

Eines der drängendsten strafrechtlichen Probleme ist die Frage der Haftung. KI-Systeme, im Wesentlichen Menschen mit der Fähigkeit, autonome Entscheidungen zu treffen, können Situationen schaffen, in denen unklar ist, wer für durch diese Systeme verursachte Schäden haftbar gemacht werden muss. Wäre beispielsweise ein selbstfahrendes Auto in einen Unfall verwickelt, wer haftet dann? Der Hersteller des Fahrzeugs, die Entwickler des KI-Systems oder der Fahrzeughalter? Traditionelle strafrechtliche Rahmenbedingungen sind für solche Fragen unzureichend, weshalb zunehmend Forderungen nach Gesetzen laut werden, die Verantwortung und Verantwortung im Zusammenhang mit KI-gesteuerten Vorfällen klären. Diese Gesetze müssen nicht nur die unmittelbare Haftung, sondern auch die weiteren

Folgen von KI-Entscheidungen berücksichtigen, einschließlich des Potenzials für systemische Schäden in Sektoren wie dem Finanz- oder Gesundheitswesen.

Ein weiterer wichtiger Bereich krimineller Aufmerksamkeit ist der Bereich des geistigen Eigentums. KI-Technologien entwickeln sich rasant weiter, was die Frage aufwirft, wem die Rechte an KI-erstellten Werken oder Erfindungen gehören. Wenn beispielsweise ein KI-System ein neues Arzneimittel entwickelt oder ein Kunstwerk schafft, wer besitzt dann die Rechte am geistigen Eigentum dieser Werke? Sollten die Entwickler, die die KI geschaffen haben, das Unternehmen, dem die KI gehört, oder die KI selbst die Rechte daran besitzen? Diese Fragen stellen bestehende Gesetze zum geistigen Eigentum, die speziell für menschliche Schöpfer entwickelt wurden, in Frage. Es gibt eine wachsende Debatte darüber, ob KI-erstellte Werke unter moderne Gesetze fallen sollten oder ob neue Gesetze erforderlich sind, um diese neuartigen Situationen zu bewältigen.

Neben dem hohen Informationsgehalt ist der Datenschutz ein weiteres großes Problem. KI-Systeme benötigen für ihren reibungslosen Betrieb häufig große Datenmengen, die jedoch auch sensible, nicht-öffentliche Daten enthalten können. Die Verwendung personenbezogener Daten ohne ausreichende Sicherheitsvorkehrungen kann zu massiven Datenschutzverletzungen führen, und mit der zunehmenden Verbreitung von KI-Systemen steigt das Risiko des Datenmissbrauchs. Rechtliche Rahmenbedingungen wie die Datenschutz-Grundverordnung (DSGVO) der Europäischen Union haben bereits einige Maßnahmen zum Schutz personenbezogener Daten eingeführt. Diese Regelungen müssen jedoch möglicherweise angepasst und erweitert werden, um den spezifischen Herausforderungen der KI gerecht zu werden. Dazu gehört die Gewährleistung der Kontrolle der Menschen über ihre personenbezogenen Daten, der Transparenz bei der Erhebung und Verwendung von Daten durch KI-Systeme und der von Grund auf integrierten Datenschutz.

Das Überwachungspotenzial von KI wirft auch erhebliche rechtliche Fragen auf, insbesondere hinsichtlich des Gleichgewichts zwischen Sicherheit und Privatsphäre. Sowohl Regierungen als auch private Unternehmen nutzen KI zunehmend zur Überwachung von Personen, von Gesichtserkennungssystemen im öffentlichen Raum bis hin zu Data-Mining-Tools zur Analyse von Social-Media-Aktivitäten. Diese Technologien können zwar für Sicherheitszwecke eingesetzt werden, bergen aber auch erhebliche Risiken für die bürgerlichen Freiheiten. Die rechtliche Aufgabe besteht darin, Regeln zu schaffen, die den Einsatz von KI zur Überwachung ermöglichen und gleichzeitig die Menschenrechte schützen und Missbrauch verhindern. Dies ist besonders kritisch im Kontext autoritärer Regime, wo KI-gesteuerte Überwachung dazu genutzt werden kann, abweichende Meinungen zu unterdrücken und die Meinungsfreiheit einzuschränken.

Darüber hinaus gibt das Problem der Diskriminierung und Voreingenommenheit in KI-Systemen Anlass zu großer strafrechtlicher Besorgnis. KI-Algorithmen werden regelmäßig anhand von Daten getestet, die gesellschaftliche Vorurteile widerspiegeln. Dadurch können sie Diskriminierung in Bereichen wie Personalbeschaffung, Kreditvergabe und Strafverfolgung aufrechterhalten oder sogar verschärfen. Beispielsweise können KI-Systeme im Personalbeschaffungsbereich bestimmte demografische Gruppen unbeabsichtigt gegenüber anderen bevorzugen, oder Predictive-Policing-Tools können Minderheitengruppen überproportional stark benachteiligen. Rechtliche Rahmenbedingungen müssen daher das Diskriminierungspotenzial in KI-Systemen berücksichtigen und sicherstellen, dass Vorschriften vorhanden sind, die verhindern, dass solche Voreingenommenheit Entscheidungsprozesse beeinflusst. Dies kann auch die Entwicklung von Richtlinien für den ethischen Einsatz von KI, die Forderung regelmäßiger Prüfungen von KI-Systemen zur Erkennung von Voreingenommenheit und die Implementierung rechtlicher Schutzmaßnahmen zur Gewährleistung von Gerechtigkeit und Fairness umfassen.

Darüber hinaus steckt die Rechtslandschaft rund um die KI-Governance noch in den Kinderschuhen, und internationale Zusammenarbeit ist unerlässlich, um kohärente globale Richtlinien zu schaffen. Verschiedene Länder haben unterschiedliche Verfahren zur KI-Gesetzgebung, was multinationale Unternehmen und Organisationen vor Herausforderungen stellt. Während beispielsweise die Europäische Union mit ihrem vorgeschlagenen KI-Gesetz eine führende Rolle bei der Regulierung von KI übernommen hat, verfolgen andere Regionen wie die USA und China eher fragmentierte Ansätze. Der fehlende globale Konsens zur KI-Gesetzgebung könnte zu Inkonsistenzen bei der Entwicklung, dem Einsatz und der Überwachung von KI-Technologien führen. Daher ist internationale Zusammenarbeit wichtig, um einheitliche Standards und bewährte Verfahren für die KI-Governance zu schaffen und sicherzustellen, dass KI grenzüberschreitend effektiv und verantwortungsvoll eingesetzt werden kann.

Gleichzeitig führt das Tempo technologischer Innovationen dazu, dass die Regulierung oft hinter den Entwicklungen in der KI zurückbleibt. Bis Gesetze zur Bewältigung einer Reihe von Herausforderungen erlassen werden, können bereits neue Probleme entstanden sein. Dies schafft ein dynamisches und sich entwickelndes Rechtsumfeld, in dem Gesetzgeber, Techniker und Ethiker eng zusammenarbeiten müssen, um potenzielle Herausforderungen im Strafrecht zu antizipieren und adaptive Regulierungsrahmen zu entwickeln. Es ist entscheidend, dass die Regulierung nicht nur aktuelle Probleme angeht, sondern auch Flexibilität bietet, um zukünftigen Trends in der KI-Technologie Rechnung zu tragen.

Schließlich bedarf es einer Gesetzgebung, die Innovationen fördert und gleichzeitig Sicherheit und ethische Standards gewährleistet. Überregulierung kann den technologischen Fortschritt hemmen, während Unterregulierung schädliche Folgen haben kann. Die richtige Balance zwischen diesen beiden Aspekten zu finden, ist eine wichtige Aufgabe für Gesetzgeber und Regulierungsbehörden. Dies erfordert einen kontinuierlichen Dialog zwischen allen Beteiligten, einschließlich der Öffentlichkeit, KI-Entwicklern, Justizexperten und politischen Entscheidungsträgern, um sicherzustellen, dass KI-Technologien weiterentwickelt und so eingesetzt werden, dass sie der Gesellschaft als Ganzes zugutekommen.

Da sich KI ständig weiterentwickelt, muss sich auch die Rechtslandschaft weiterentwickeln. Neue Gesetze und Vorschriften müssen entwickelt werden, um den Herausforderungen der KI gerecht zu werden und sicherzustellen, dass die Technologie ethisch, verantwortungsvoll und unter Achtung der Menschenrechte eingesetzt wird. Gleichzeitig müssen Innovationen gefördert und die Entwicklung von KI-Technologien unterstützt werden, die der Gesellschaft zugutekommen und gleichzeitig den Missbrauch dieser mächtigen Werkzeuge verhindern. Durch durchdachte, proaktive rechtliche Rahmenbedingungen können wir sicherstellen, dass KI als Kraft für Gerechtigkeit dient und einen positiven Beitrag zur Zukunft der Menschheit leistet.

4.3. Künstliche Intelligenz und Freiheit

Die Beziehung zwischen Künstlicher Intelligenz (KI) und Freiheit ist ein komplexes und vielschichtiges Thema, das wichtige Fragen zum Wesen von Autonomie, individuellen Rechten und der Rolle der Technologie in der Gesellschaft aufwirft. Da KI-Strukturen zunehmend in unseren Alltag integriert werden, nehmen ihre Auswirkungen auf persönliche Freiheiten, Privatsphäre und das gesellschaftliche Freiheitsverständnis zunehmend zu. Dieses Zusammenspiel von KI und Freiheit hängt nicht nur vom technologischen Fortschritt ab, sondern auch von ethischen, philosophischen und rechtlichen Überlegungen, die die Zukunft der Menschheit prägen.

Eines der wichtigsten Probleme in der Diskussion über KI und Freiheit ist das Potenzial von KI, die persönliche Autonomie zu verbessern oder einzuschränken. Einerseits hat KI das Potenzial, die persönliche Freiheit deutlich zu erhöhen, indem sie Aufgaben automatisiert, personalisierte Dienste anbietet und es Menschen ermöglicht, sich auf sinnvollere oder innovativere Aktivitäten zu konzentrieren. Beispielsweise können KI-gestützte Systeme Arbeitsabläufe optimieren, bei medizinischen Diagnosen helfen oder Menschen mit Behinderungen dabei unterstützen, sich auf eine Weise zurechtzufinden, die bisher nicht möglich war. In dieser Hinsicht kann KI Menschen von alltäglichen oder körperlich belastenden Aufgaben befreien und ihnen mehr Möglichkeiten für persönliche Entwicklung, Selbstdarstellung und Kreativität bieten.

Der massive Einsatz von KI kann jedoch auch enorme Bedrohungen für die persönliche Freiheit darstellen. Eines der Hauptprobleme ist die Aushöhlung der Privatsphäre. KI-Systeme benötigen für ihren reibungslosen Betrieb häufig große Mengen persönlicher Daten, und diese Datensammlung kann zu Eingriffen in die Privatsphäre führen. Beispielsweise können KI-Technologien, einschließlich Gesichtserkennung und prädiktiven Algorithmen, die Bewegungen, Verhaltensweisen und Entscheidungen von Menschen verfolgen, oft ohne deren Zustimmung. Dieses Maß an Überwachung könnte zu einer Gesellschaft führen, in der Menschen kontinuierlich überwacht und ihre persönlichen Entscheidungen und Handlungen durch KI-Systeme analysiert werden, was potenziell zu einem Verlust an Privatsphäre und Autonomie führt.

Darüber hinaus wirft die Rolle von KI in der Überwachung Fragen hinsichtlich ihres Einflusses auf das

Leben von Menschen auf. Regierungen und Unternehmen nutzen KI zunehmend für Überwachungszwecke, sei es in Form von Massendatenübermittlungen oder der Überwachung des Online- Verhaltens. In autoritären Regimen kann KI als Waffe eingesetzt werden, um die Bevölkerung durch Unterdrückung abweichender Meinungen und Einschränkung der Meinungsfreiheit zu kontrollieren. Dies schafft ein Umfeld, in dem sich die Menschen ständig der Beobachtung ihrer Bewegungen bewusst sind, was ihre Fähigkeit, sich frei auszudrücken und unvoreingenommene Entscheidungen zu treffen, möglicherweise einschränkt. Die Vorstellung, in einer Gesellschaft zu leben, in der KI-Strukturen individuelles Verhalten vorhersagen und steuern können, bedroht das Freiheitsgefühl, da es die Fähigkeit des Einzelnen untergräbt, Entscheidungen ohne Einfluss von außen zu treffen.

Neben Datenschutzbedenken besteht auch die Gefahr, dass KI bestehende soziale Ungleichheiten verewigt oder verschärft, was wiederum die Freiheit beeinträchtigt. KI-Systeme, insbesondere solche, die auf großen Datensätzen basieren, basieren häufig auf Statistiken, die die in der Gesellschaft vorhandenen Vorurteile widerspiegeln. Wird dies nicht sorgfältig gesteuert, kann dies zu KI-Strukturen führen, die Diskriminierung verewigen und die Möglichkeiten marginalisierter Unternehmen einschränken. Beispielsweise können KI-Algorithmen, die bei Einstellungs-, Strafverfolgungs- oder Kreditentscheidungen eingesetzt werden, Vorurteile aufgrund von Rasse, Geschlecht oder sozioökonomischem Status widerspiegeln und so die Freiheit bereits Benachteiligter einschränken. Der ungleiche Einsatz von KI-Technologien könnte neue Formen der Diskriminierung schaffen und zu einer Gesellschaft führen, in der bestimmten Menschen die Freiheiten und Möglichkeiten anderer verwehrt bleiben.

Darüber hinaus dürfte die Machtkonzentration in den Händen einiger Organisationen und Regierungen, die die KI-Technologie kontrollieren, die finanzielle Freiheit gefährden. Mit zunehmender Integration von KI in Geschäftspraktiken gewinnt die Rolle großer Technologieunternehmen bei der Gestaltung von Märkten und der Kontrolle des Ressourcenzugangs an Bedeutung. Diese Unternehmen können KI nutzen, um das Kundenverhalten zu manipulieren, Preisstrategien zu optimieren und den Vertrieb von Produkten und Dienstleistungen zu steuern. Diese Machtkonzentration könnte zu einer Situation führen, in der die finanzielle Freiheit eingeschränkt wird, da Einzelpersonen und kleinere Gruppen gezwungen sind, den Entscheidungen dieser mächtigen Einheiten Folge zu leisten.

Das Konzept der Freiheit ist eng mit dem Potenzial der KI verbunden, menschliche Entscheidungsprozesse zu verändern. Mit der Entwicklung von KI-Systemen, die Entscheidungen durch personalisierte Empfehlungen, gezielte

Werbung oder Verhaltensanstöße beeinflussen und gestalten können, wächst die Sorge, dass KI das Potenzial des Einzelnen zum eigenständigen Denken untergräbt. Je mehr KI-Systeme zur Entscheidungsfindung in Bereichen wie Verbraucherverhalten, Wahlen und sogar im Gesundheitswesen eingesetzt werden, desto stärker könnten sich Menschen externen Einflüssen aussetzen, anstatt Entscheidungen auf der Grundlage ihrer persönlichen Werte und Überzeugungen zu treffen. Dieser Wandel von unparteiischer zu algorithmisch beeinflusster Entscheidungsfindung könnte die persönliche Freiheit einschränken, da Menschen weniger Einblick in die Kräfte erhalten, die ihre Entscheidungen beeinflussen, und nicht mehr allein nach eigenem Ermessen handeln können.

In diesem Zusammenhang ist es wichtig, die Rolle von Regulierung und Aufsicht beim Schutz der persönlichen Freiheit im Zeitalter der KI nicht zu vergessen. Rechtliche Rahmenbedingungen müssen weiterentwickelt werden, um sicherzustellen, dass KI-Technologien so eingesetzt werden, dass individuelle Rechte und Freiheiten gewahrt werden. Dazu gehört die Entwicklung von Richtlinien, die den Umfang der Überwachung einschränken, Transparenz bei KI-Entscheidungsprozessen gewährleisten und die Privatsphäre schützen. Darüber hinaus müssen Richtlinien vorhanden sein, um die Monopolisierung der KI-Technologie zu verhindern und sicherzustellen, dass sie so eingesetzt wird, dass sie der

Gesellschaft als Ganzes zugutekommt, anstatt die Macht in den Händen einiger weniger Akteure zu konzentrieren.

Darüber hinaus ist es entscheidend, dass KI-Systeme nach ethischen Grundsätzen entwickelt werden, die menschliche Autonomie und Freiheit in den Vordergrund stellen. Dies beinhaltet die Gewährleistung einer KI-Entwicklung, die Gerechtigkeit, Verantwortung und Transparenz fördert. KI-Strukturen müssen so gestaltet sein, dass sie Menschen stärken, anstatt sie zu manipulieren. KI kann beispielsweise dazu genutzt werden, Menschen zusätzliche Wahlmöglichkeiten und Chancen zu bieten, sollte aber nicht dazu genutzt werden, ihre Alternativen einzuschränken oder sie in vorgegebene Bahnen zu drängen. KI-Entwickler sollten zudem das Potenzial von Voreingenommenheit in KI-Systemen berücksichtigen und Maßnahmen ergreifen, um sicherzustellen, dass diese Technologien Diskriminierung oder Ungleichheit nicht aufrechterhalten.

Der Zusammenhang zwischen künstlicher Intelligenz und Freiheit erfordert sorgfältige Überlegungen und Aufmerksamkeit. KI kann zwar die persönliche Freiheit durch die Automatisierung von Aufgaben und die Schaffung neuer Möglichkeiten stärken, birgt aber auch enorme Gefahren für die Autonomie, Privatsphäre und Gleichberechtigung der Menschen. Die Aufgabe besteht darin, ein Gleichgewicht zwischen der Nutzung der Vorteile von KI und der

Gewährleistung, dass sie die für die Menschenwürde und Autonomie wichtigen Freiheiten nicht beeinträchtigt, zu finden. Im Zuge der Weiterentwicklung der KI wird es wichtig sein, rechtliche Rahmenbedingungen, ethische Richtlinien und technologische Schutzmechanismen zu entwickeln, die die Menschenrechte schützen und eine Gesellschaft fördern, in der Freiheit und Innovation gedeihen können.

KAPITEL 5

Künstliche Intelligenz und Menschlichkeit: Konvergierende Wege

5.1. KI und das menschliche Gehirn

Die Verbindung zwischen künstlicher Intelligenz (KI) und dem menschlichen Gehirn ist eines der spannendsten und am häufigsten diskutierten Themen der modernen Wissenschaft. Die Ähnlichkeiten und Unterschiede zwischen diesen Strukturen sind entscheidend für das Verständnis der Zukunft der KI und ihrer möglichen Auswirkungen auf die Menschheit. Das menschliche Gehirn ist ein komplexes organisches Gebilde, das durch das Zusammenspiel von Milliarden von Neuronen hochentwickelte Fähigkeiten wie Fragen, Lernen, Erinnern, Fühlen und Wahrnehmen umfasst. KI hingegen ist ein Forschungsgebiet, das sich auf die Entwicklung von Maschinen konzentriert, die über Problemlösungs-, Lern- und Entscheidungskompetenzen verfügen, die der menschlichen Intelligenz ähneln.

Das menschliche Gehirn ist Teil des zentralen Nervensystems und für die Steuerung komplexer Prozesse wie Lernen, Erinnerung, Denken, Emotionen und Bewusstsein verantwortlich. Es enthält über 100 Milliarden Neuronen, die jeweils unzählige Verbindungen aufbauen und so ein komplexes Netzwerk bilden. Dieses Netzwerk bildet die Grundlage menschlicher kognitiver Systeme. Neuronen kommunizieren durch elektrische und chemische Signale, verarbeiten Informationen und treffen Entscheidungen.

Das Lernpotenzial des Gehirns ist bemerkenswert hoch, vor allem aufgrund der synaptischen Plastizität. Synaptische Plastizität bezeichnet die Stärkung oder Schwächung von Synapsen, den Verbindungen zwischen Neuronen, als Reaktion auf Informationsfluss. Dieser Mechanismus ermöglicht es dem Gehirn, sich an Umweltreize und -ereignisse anzupassen. Darüber hinaus werden Bewusstsein, emotionale Reaktionen und Verhaltensänderungen durch die Interaktionen innerhalb dieser neuronalen Netzwerke gesteuert.

KI-Systeme versuchen regelmäßig, bestimmte Merkmale des menschlichen Gehirns nachzuahmen, um Maschinen zu schaffen, die menschenähnlich denken können. Neuronale Netzwerke, die die Grundlage der KI bilden, sind darauf ausgelegt, die Architektur des Gehirns zu reproduzieren. Diese Netzwerke enthalten Schichten, die Statistiken ähnlich wie die Neuronen und Synapsen des menschlichen Gehirns verarbeiten.

Deep-Learning-Algorithmen, eine Teilmenge des maschinellen Lernens, werden in der KI massiv eingesetzt, um große Datensätze zu verarbeiten und das Lernen zu optimieren, ähnlich wie das menschliche Gehirn seine Synapsen für Lernen und Erinnerung anpasst. Diese KI-Systeme zeichnen sich durch Aufgaben wie Mustererkennung und Kategorisierung aus, ähnlich der Fähigkeit des menschlichen Gehirns, Gesichter, Objekte und Geräusche zu erkennen.

Sowohl KI als auch der menschliche Verstand verarbeiten Informationen durch externe Eingaben und passen ihr Verhalten anhand der gewonnenen Informationen an. Die Art und Weise, wie KI mit Daten trainiert wird, ähnelt der Art und Weise, wie Menschen lernen und ihr Verhalten anhand neuer Erkenntnisse anpassen.

Der größte Unterschied zwischen KI und menschlichem Gehirn besteht darin, dass es sich bei der einen um ein biologisches Gerät, bei der anderen um ein künstliches Gebilde handelt. Das menschliche Gehirn besteht aus Neuronen und Synapsen, während KI-Strukturen auf virtuellen Komponenten und mechanischer Infrastruktur basieren. Diese Unterschiede führen zu enormen Unterschieden in Verarbeitungsgeschwindigkeit, Energieeffizienz, Lerntechniken und Problemlösungsstrategien.

Das menschliche Gehirn ist außerordentlich energieeffizient. Obwohl es nur etwa 2 % des Körpergewichts ausmacht, verbraucht es etwa 20 % der Gesamtenergie. Im Vergleich dazu benötigen KI-Systeme in der Regel viel Rechenleistung. Deep-Learning-Algorithmen beispielsweise erfordern viel Rechenleistung und sind oft auf Prozessoren und große Datenzentren angewiesen.

Ein weiterer wichtiger Unterschied ist die inhärente Anpassungsfähigkeit des Gehirns. Es ist in der Lage, lebenslang zu lernen und sich an neue Erfahrungen anzupassen. Es kann kreativ, intuitiv und ethisch denken, was der KI derzeit nicht möglich ist. KI kann zwar aus Daten lernen und ihre Funktionen optimieren, ist aber in ihrer Fähigkeit, Kreativität, Instinkt oder moralische Entscheidungen zu zeigen, stark eingeschränkt. KI zeichnet sich durch spezifische, klar definierte Aufgaben aus, kämpft jedoch mit abstrakteren menschlichen kognitiven Fähigkeiten.

Die Konvergenz von KI und menschlichem Gehirn ist ein sich unerwartet entwickelndes Feld, das vielfältige Möglichkeiten für die Zukunft von Technologie und Gesellschaft bietet. KI-Systeme werden zwar zunehmend in verschiedenen Branchen eingesetzt, erreichen aber noch nicht die volle Komplexität des menschlichen Gehirns. Die Verschmelzung von KI und menschlichen Gehirnfunktionen eröffnet jedoch neue und spannende Möglichkeiten. Gehirn-Computer-Schnittstellen, Neurotechnologien und KI-gestützte Geräte zum Erlernen des Gehirns zeigen, dass die digitale und biologische Integration immer plausibler wird.

Insbesondere Gehirn-Computer-Schnittstellen entwickeln sich so weit, dass sie die direkte Steuerung von Computersystemen durch Gedanken ermöglichen. Diese Generation hat das Potenzial, die Mobilität gelähmter Patienten wiederherzustellen, kognitive Fähigkeiten zu verbessern und die Zusammenarbeit zwischen Mensch und Maschine zu stärken. Ebenso können neuronale Netzwerke, die auf KI basieren, zu einer effizienteren Entscheidungsfindung, besseren

Lernmechanismen und besseren Problemlösungsfähigkeiten führen.

Die Verschmelzung von KI und menschlichem Verstand bietet hervorragende Möglichkeiten und wirft zugleich grundlegende moralische, sicherheitspolitische und gesellschaftliche Bedenken auf. Mit der Weiterentwicklung der KI-Technologie verschwimmen die Grenzen zwischen menschlicher und maschineller Intelligenz zunehmend. Die Verschmelzung von menschlicher und maschineller Intelligenz könnte unsere Art, mit der Welt und anderen zu interagieren, grundlegend verändern.

Die Zukunft wird zeigen, wie viel Potenzial die Verschmelzung von KI und menschlichem Gehirn entfalten kann und wie dieser Prozess die Gesellschaft verändern wird. Dennoch wird das Zusammenspiel dieser Strukturen einer der wichtigsten Aspekte der technologischen und menschlichen Evolution bleiben.

5.2. Mensch-Maschine-Interaktion

Mensch-Maschine-Interaktion (HMI) bezeichnet die Kommunikation und Zusammenarbeit zwischen Mensch und Maschine. Sie ist ein wichtiges Forschungs- und Entwicklungsfeld im Kontext künstlicher Intelligenz (KI) und Automatisierung, da sie untersucht, wie diese Technologien in den Alltag integriert werden und menschliche Fähigkeiten erweitern können. Die Entwicklung der HMI hat sich mit der Entwicklung von KI, Robotik und maschinellem Lernen dramatisch beschleunigt und definiert die Art und Weise, wie Menschen mit der Technologie interagieren, weiterhin neu.

Die Wurzeln der Mensch-Maschine-Interaktion reichen bis in die frühesten Maschinen zurück, in denen menschliche Bediener mit mechanischen Geräten interagierten. Im Laufe der Entwicklung wurden die Maschinen jedoch immer moderner, und der Charakter der Mensch-Maschine-Interaktion veränderte sich. Im 20. Jahrhundert läutete die Entwicklung von Computersystemen eine neue Ära der Mensch-Maschine-Interaktion ein. Menschen interagieren nun über grafische Benutzeroberflächen (GUIs), Tastaturen und Displays mit Maschinen.

Mit zunehmender Rechenleistung und der Weiterentwicklung der KI-Technologien zeigten Maschinen immer fortschrittlichere Fähigkeiten, darunter die Verarbeitung natürlicher Sprache, die Bilderkennung und die Entscheidungsfindung. Diese Innovationen ermöglichten es Maschinen, menschliche Eingaben zunehmend intuitiv zu interpretieren und legten damit den Grundstein für die nächste Generation der Mensch-Gerät-Interaktion.

Heutzutage beschränkt sich die Interaktion zwischen Mensch und Gerät nicht mehr ausschließlich auf herkömmliche Eingabetechniken wie das Tippen auf einer Tastatur oder das Berühren eines Bildschirms. Mit dem Aufkommen von KI und maschinellem Lernen können Maschinen Sprache verstehen, Emotionen erfassen, auf Gesten reagieren und sogar menschliche Wünsche vorausahnen. Diese Fortschritte haben die Grenzen zwischen Mensch und Maschine verwischt und eine nahtlosere und natürlichere Interaktion zwischen beiden ermöglicht.

KI spielt eine zentrale Rolle bei der Weiterentwicklung der Mensch-Maschine-Interaktion. Algorithmen zur maschinellen Beherrschung ermöglichen es Maschinen, menschliches Verhalten kontinuierlich zu verstehen und darauf zu reagieren. Diese Fähigkeit, aus Erfahrung zu lernen, macht Maschinen anpassungsfähiger und befähigt sie zur Bewältigung komplexer Aufgaben, die differenzierte Entscheidungen erfordern.

Die Verarbeitung natürlicher Sprache (NLP) ist eine der größten KI-Technologien für die Mensch-Maschine-Interaktion. NLP ermöglicht es Maschinen, menschliche Sprache zu verstehen und zu generieren, was eine intuitivere Kommunikation zwischen Mensch und Maschine ermöglicht. Virtuelle Assistenten wie Apples Siri, Amazons Alexa und Googles Assistant nutzen NLP, um Sprachbefehle zu interpretieren und passende Antworten zu geben. Diese Systeme können Aufgaben übernehmen, von Erinnerungen bis hin zur Beantwortung komplexer Fragen, und sind damit für

Millionen von Menschen weltweit ein wichtiger Bestandteil des Alltags.

Ein weiterer wichtiger Aspekt der KI-gestützten Verbesserung von HMI ist die Laptop- Vision. Algorithmen für maschinelles Lernen ermöglichen es Maschinen, visuelle Daten zu „sehen" und zu erfassen und so Objekte, Personen und Umgebungen in Echtzeit zu interpretieren. Diese Technologie wird bereits in autonomen Motoren eingesetzt, in denen KI-gesteuerte Systeme Bilder von Kameras und Sensoren analysieren, um Straßen zu navigieren und Entscheidungen zu treffen. Computer Vision spielt auch eine Rolle bei der Strukturierung von Gesichtserkennungsstrukturen, bei denen Maschinen Gesichtsfunktionen analysieren, um Personen wahrzunehmen.

Eine der größten Neuerungen in der Mensch-Maschine-Interaktion ist der zunehmende Einsatz autonomer Maschinen. Autonome Strukturen, darunter selbstfahrende Motoren, Drohnen und Roboter, können Aufgaben ohne direkte menschliche Steuerung ausführen. Diese Maschinen sind auf KI, Sensoren und Algorithmen angewiesen, um Entscheidungen zu treffen und sich in Echtzeit an ihre Umgebung anzupassen.

Das Aufkommen autonomer Maschinen hat enorme Auswirkungen auf die Mensch-System-Interaktion. Früher kontrollierten menschliche Bediener Maschinen ständig, doch autonome Systeme verändern diese Dynamik. Anstatt tatsächlich Befehle zu erteilen, interagieren Menschen heute auf komplexere Weise mit Maschinen und verlassen sich regelmäßig darauf, dass Maschinen autonom Entscheidungen treffen und gleichzeitig Sicherheit und ethische Aspekte berücksichtigen.

Selbstfahrende Autos beispielsweise müssen mit ihren Passagieren kommunizieren, um sicherzustellen, dass diese sich wohlfühlen und ihre Umgebung wahrnehmen. Diese Fahrzeuge nutzen KI, um Straßenverhältnisse zu analysieren, Verkehrszeichen zu erkennen und durch komplexe Umgebungen zu navigieren. Sie müssen aber auch mit den Passagieren kommunizieren, um sie über wichtige Aktionen zu informieren, beispielsweise darüber, wann sie in guten Situationen die Kontrolle übernehmen oder bei einem Unfall anhalten sollen.

Die ethischen Auswirkungen autonomer Maschinen werden noch erforscht, doch eröffnen diese Systeme neue Möglichkeiten für die Mensch-System-Interaktion. Menschen müssen autonomen Maschinen möglicherweise vertrauen, um in Situationen mit hohem Risiko Entscheidungen zu treffen. Dieses Vertrauen hängt davon ab, wie gut die Maschinen ihre Entscheidungsprozesse kommunizieren können.

Die Mensch-System-Zusammenarbeit geht über das bloße Zusammenspiel hinaus; sie beinhaltet eine Partnerschaft, in der Mensch und Maschine zur Erreichung gemeinsamer Ziele beitragen. Mit der Weiterentwicklung von KI und Automatisierung wird die Mensch-Gerät-Zusammenarbeit zu einem wichtigen Aspekt in Branchen wie dem Gesundheitswesen, der Fertigung, der Ausbildung und dem Kundenservice.

Im Gesundheitswesen wird KI eingesetzt, um Ärzte bei der Diagnose von Krankheiten, der Analyse klinischer Bilder und der Erstellung individueller Behandlungsempfehlungen zu unterstützen. Maschinen können große Datenmengen in einem Bruchteil der Zeit verarbeiten, die ein Mensch dafür benötigen würde, und so Ärzten helfen, fundiertere Entscheidungen zu treffen. Der menschliche Faktor bleibt jedoch entscheidend, um Empathie zu zeigen, die Bedürfnisse der Patienten zu verstehen und ethische Entscheidungen zu treffen, die Maschinen noch nicht abbilden können.

In der Produktion arbeiten Roboter zunehmend neben menschlichen Mitarbeitern, um repetitive Aufgaben zu erledigen. Dadurch können sich die Menschen auf innovativere und komplexere Aufgaben konzentrieren. KI-gesteuerte Roboter können sich an unterschiedliche Aufgaben und Umgebungen anpassen und mit menschlichen Mitarbeitern zusammenarbeiten, um Effizienz und Sicherheit zu verbessern. Ähnlich verhält es sich im Kundenservice: KI-Chatbots bearbeiten einfache Anfragen, während menschliche Marketingexperten bei komplexeren Problemen einspringen.

Mit der Weiterentwicklung von KI und Robotik birgt die Zukunft der Mensch-Maschine-Interaktion enormes Potenzial. Die Integration von KI, maschinellem Lernen und fortschrittlicher Robotik wird voraussichtlich zu noch nahtloseren und intuitiveren Interaktionen zwischen Mensch und Maschine führen. Eine mögliche Verbesserung ist die Entwicklung von Gehirn- Computer -Schnittstellen (BCIs), die es Menschen ermöglichen könnten, direkt mit Maschinen zu kommunizieren, nur über ihr Gehirn. Diese Technologie dürfte Bereiche wie das Gesundheitswesen revolutionieren, in denen BCIs Patienten mit Behinderungen helfen können, ihre Mobilität wiederzuerlangen oder besser zu kommunizieren.

Darüber hinaus wird der zunehmende Einsatz von KI am Arbeitsplatz und im Alltag entscheidende Fragen zur Zukunft der Arbeit und der menschlichen Identität aufwerfen. Da Maschinen zunehmend in der Lage sind, Aufgaben zu übernehmen, die traditionell von Menschen erledigt wurden, ist es wichtig, die erfolgreiche Koexistenz und Zusammenarbeit von Mensch und Maschine zu berücksichtigen.

Die ethischen Bedenken im Zusammenhang mit KI und der Mensch-Maschine-Interaktion werden die Zukunft dieses Bereichs weiterhin entscheidend prägen. Fragen wie Datenschutz, Sicherheit und die Fähigkeit von KI, Vorurteile aufrechtzuerhalten oder unethische Entscheidungen zu treffen, müssen mit der zunehmenden Integration von KI-Systemen in die Gesellschaft angegangen werden.

Die Mensch-Maschine-Interaktion erlebt eine neue Ära, angetrieben durch Fortschritte in KI, Robotik und System Learning. Da Maschinen immer besser in der Lage sind, Informationen zu verarbeiten und auf menschliche Wünsche zu reagieren, wird sich die Beziehung zwischen Mensch und Maschine weiterhin anpassen. Die Zukunft der Mensch-Maschine-Interaktion verspricht eine bessere Zusammenarbeit, neue Technologien und beispiellose Innovationsmöglichkeiten. Diese Zukunft bringt jedoch auch Herausforderungen mit sich, die angegangen werden müssen, um sicherzustellen, dass KI und Maschinen das menschliche Leben verbessern, anstatt es zu beeinträchtigen.

5.3. Die Zukunft der KI

Künstliche Intelligenz (KI) hat in den letzten Jahren enorme Fortschritte gemacht, Branchen verändert und die Gesellschaft neu gestaltet. Mit Blick auf die Zukunft scheinen die Möglichkeiten der KI grenzenlos. Die Entwicklung der KI wird sich weiterhin auf nahezu alle Bereiche des menschlichen Lebens auswirken, von Unternehmen über das Gesundheitswesen und die Bildung bis hin zur Vergangenheit. Die Zukunft der KI dreht sich jedoch nicht nur um technologische Entwicklung, sondern auch darum, wie sich KI mit Gesellschaft, Ethik und Governance auseinandersetzt.

Eine der größten Entwicklungen in der KI ist das rasante Innovationstempo. KI wird in den kommenden Jahren voraussichtlich immer leistungsfähiger werden, wobei Trends im Deep Learning, in neuronalen Netzwerken und im Reinforcement Learning die Technologie auf ein neues Niveau heben. Diese Fortschritte werden es KI-Systemen ermöglichen, komplexere Aufgaben mit höherer Genauigkeit, Leistung und Anpassungsfähigkeit zu erfüllen.

KI wird ihr Potenzial zur Untersuchung riesiger Faktenmengen weiter ausbauen und sie in Bereichen wie Finanzen, Gesundheitswesen und Wetterwissenschaften wertvoll machen. Das Potenzial der KI, Muster zu erkennen, Ergebnisse vorherzusagen und Erkenntnisse aus großen Datensätzen zu liefern, wird die Entscheidungsfindung in nahezu allen Bereichen neu definieren. Im Gesundheitswesen könnte KI beispielsweise die maßgeschneiderte Behandlung revolutionieren, indem sie genetische Fakten untersucht und auf Patienten zugeschnittene Behandlungsvorschläge bereitstellt.

Der anhaltende Fortschritt der KI-Forschung wird zur Entwicklung autonomerer Systeme führen. Diese Systeme könnten in der Lage sein, in realen Umgebungen unabhängig zu agieren, von selbstfahrenden Fahrzeugen über Roboterassistenten bis hin zu Drohnen. Die Zukunft der KI wird voraussichtlich die Entwicklung von Systemen mit sich bringen, die nicht nur auf menschliche Eingaben reagieren, sondern auch Wünsche in Echtzeit vorhersagen und proaktive Lösungen anstelle von reaktiven Reaktionen präsentieren.

Mit zunehmender Komplexität der KI wird sich die Arbeitsweise grundlegend verändern. KI-gestützte Automatisierung wird voraussichtlich einige Arbeitsplätze verdrängen und gleichzeitig neue Möglichkeiten in Bereichen wie Robotik, Informationstechnologie und KI-Ethik schaffen. Die Zukunft der KI am Arbeitsplatz wird von der Zusammenarbeit zwischen Mensch und Maschine geprägt sein: Maschinen übernehmen routinemäßige, sich wiederholende Aufgaben, während Menschen auf Aufgaben spezialisiert sind, die Kreativität, kritisches Denken und emotionale Intelligenz erfordern.

In Branchen wie Produktion, Logistik und Kundenservice wird KI-gestützte Automatisierung die Effizienz steigern und die Betriebskosten senken. Roboter und KI-Systeme werden gemeinsam mit menschlichen Mitarbeitern gefährliche, monotone oder körperlich belastende Aufgaben übernehmen. Menschliche Mitarbeiter werden jedoch weiterhin unverzichtbar sein, um Abläufe zu überwachen, komplexe Entscheidungen zu treffen und Empathie und Führung in Bereichen wie dem Gesundheitswesen, dem Bildungswesen und der Innovationsbranche zu bieten.

Die Funktion der KI im Unternehmen könnte sich auch im Hinblick auf die Entscheidungsfindung weiterentwickeln.

KI-Systeme unterstützen Manager und Führungskräfte bei statistikbasierten Entscheidungen, indem sie Erkenntnisse und Prognosen auf Basis riesiger Datenmengen liefern. Beispielsweise analysieren KI-Algorithmen das Verbraucherverhalten und Markttrends und ermöglichen Unternehmen so fundiertere Entscheidungen hinsichtlich Produktentwicklung, Werbestrategien und Mittelzuweisung.

Trotz der Möglichkeit zur Arbeitsplatzverlagerung kann KI auch neue Berufskategorien und Kompetenzen schaffen. Um mit diesen Veränderungen Schritt zu halten, müssen Arbeitnehmer ihre Kompetenzen in den Bereichen KI, Statistikanalyse, Programmierung und Ethik erweitern. Bildungssysteme müssen sich anpassen, um zukünftige Generationen auf einen Arbeitsmarkt vorzubereiten, der zunehmend von KI und Technologie abhängig ist.

Die fortschreitende Weiterentwicklung der KI-Technologie wird kritische moralische Fragen aufwerfen, die es zu klären gilt. Eine der dringendsten Sorgen ist das Potenzial der KI, Vorurteile aufrechtzuerhalten. Da KI-Systeme Datensätze analysieren, können sie unbeabsichtigt die Fakten, mit denen sie trainiert werden, analysieren und so die vorhandenen Vorurteile verstärken. Dies kann zu unfairen oder diskriminierenden Auswirkungen führen, insbesondere in sensiblen Bereichen wie Personalbeschaffung, Strafverfolgung und Gesundheitswesen.

Die Fähigkeit der KI, autonome Entscheidungen zu treffen, wirft auch moralische Fragen zu Verantwortlichkeit und Verantwortung auf. Wer haftet beispielsweise bei selbstfahrenden Autos, wenn ein autarkes Auto einen Unfall verursacht? Sollte die Verantwortung beim Hersteller, dem Softwareentwickler oder dem Fahrzeughalter liegen ? Diese Fragen müssen beantwortet werden, da KI immer stärker in den Alltag integriert wird.

Ein weiteres wichtiges ethisches Anliegen ist der Einsatz von KI in Überwachung und Datenschutz. Mit den wachsenden Fähigkeiten von KI in der Gesichtserkennung und Datenanalyse besteht das Potenzial für invasive Überwachungspraktiken, die die Privatsphäre und die bürgerlichen Freiheiten bedrohen. Die Vorteile von KI in den Bereichen Sicherheit und Strafverfolgung mit dem Bedürfnis nach Schutz persönlicher Freiheiten abzuwägen, könnte eine Aufgabe sein, der sich Regierungen und Unternehmen stellen müssen.

Um sicherzustellen, dass KI der Menschheit ethisch dient, muss ein Rahmen für die KI-Governance entwickelt werden. Dieser Rahmen muss Probleme wie Transparenz, Verantwortung und den verantwortungsvollen Umgang mit KI berücksichtigen. In den kommenden Jahren werden wir wahrscheinlich den Status quo weltweiter Standards für KI-Ethik sowie eine verstärkte Regulierung der KI-Technologie beobachten, um Gefahren zu minimieren und ihre

Übereinstimmung mit gesellschaftlichen Werten sicherzustellen.

KI wird tiefgreifende Auswirkungen auf die soziale Dynamik und die zwischenmenschlichen Beziehungen haben. Da KI-Strukturen zunehmend in den Alltag integriert werden, verändern sie die Art und Weise, wie Menschen kommunizieren, arbeiten und miteinander interagieren. Besonders stark wird sich dies auf die Art und Weise menschlicher Beziehungen auswirken. KI-gestützte Systeme wie soziale Roboter und virtuelle Assistenten könnten als Partner fungieren, emotionale Unterstützung bieten und die Kommunikation fördern. Dies kann insbesondere für ältere Menschen oder Menschen mit sozialer Isolation von Vorteil sein, da es eine Form der Kameradschaft bietet, die Einsamkeit lindert.

Der Aufstieg von KI-Partnern wirft jedoch auch Fragen zur Authentizität menschlicher Verbindungen auf. Da Menschen zunehmend mit Maschinen interagieren, besteht die Gefahr, dass menschliche Beziehungen oberflächlicher oder angespannter werden. Das Bedürfnis nach echter menschlicher Interaktion und emotionaler Verbundenheit wird auch in einer Welt, die zunehmend von KI geprägt ist, weiterhin wichtig sein.

Die Rolle der KI in sozialen Medien wird sich ebenfalls weiterentwickeln. Algorithmen bestimmen zunehmend, welche Statistiken Menschen sehen und wie sie online interagieren. KI kann zwar die Personalisierung und die Entdeckung von Inhalten verbessern, kann aber auch Probleme wie Fehlinformationen, Echokammern und Polarisierung verschärfen. Die Zukunft der KI in sozialen Medien erfordert eine sorgfältige Beobachtung der Auswirkungen von Algorithmen auf den öffentlichen Diskurs und die Abmilderung negativer Auswirkungen auf Demokratie und sozialen Frieden.

Eine der spannendsten Möglichkeiten für die Zukunft der KI ist die Entwicklung superintelligenter Systeme. Superintelligenz bezeichnet eine Form von KI, die die menschliche Intelligenz in allen Bereichen übertrifft – von der Problemlösung bis hin zu Kreativität und emotionaler Intelligenz. Obwohl dies noch ein fernes Ziel ist, wirft das Streben nach superintelligenter KI interessante Fragen über die Zukunft der Menschheit auf.

Sollte KI das Ausmaß einer Superintelligenz erreichen, könnte sie möglicherweise einige der dringendsten Herausforderungen der Branche lösen, darunter Klimawandel, Krankheit und Armut. Superintelligente Systeme könnten innovative Lösungen hervorbringen, die für Menschen unvorstellbar sind, und so neue Möglichkeiten für die klinische und technologische Entwicklung eröffnen.

Das Aufkommen superintelligenter KI birgt jedoch auch existenzielle Gefahren. Ein superintelligentes System könnte unkontrollierbar werden und auf eine Weise agieren, die nicht mit menschlichen Werten oder Interessen übereinstimmt. Sicherzustellen, dass KI-Systeme weiterhin mit menschlichen Zielen im Einklang stehen, dürfte eine der wichtigsten Herausforderungen für zukünftige Generationen sein.

Die Zukunft der KI ist interessant, aber auch ungewiss. KI birgt zwar enormes Potenzial, die Gesellschaft zu verändern, das menschliche Leben zu verbessern und komplexe Probleme zu lösen, bringt aber auch anspruchsvolle Situationen mit sich, die sorgfältig gemeistert werden müssen. Die Weiterentwicklung der KI kann tiefgreifende Auswirkungen auf das Wirtschaftssystem, die Ethik, die soziale Dynamik und die zwischenmenschlichen Beziehungen haben. Die Entwicklung von KI-Governance, moralischen Rahmenbedingungen und verantwortungsvoller Technologie kann entscheidend dazu beitragen, dass KI den großen Zielen der Menschheit dient.

In den kommenden Jahren wird KI höchstwahrscheinlich das Menschsein neu definieren und die Welt auf eine Weise verändern, die wir uns heute kaum vorstellen können. Die Zukunft der KI ist ein Abenteuer, das Zusammenarbeit, Innovation und sorgfältige Überlegungen erfordert, um sicherzustellen, dass ihre Vorteile maximiert und ihre Risiken minimiert werden.

5.4. Verbesserung menschlicher Fähigkeiten durch KI

Künstliche Intelligenz (KI) hat sich rasant von einem technologischen Interesse zu einem grundlegenden Bestandteil modernen menschlichen Lebens entwickelt. Eines der tiefgreifendsten und transformativsten Programme der KI liegt in ihrer Fähigkeit, menschliche Talente zu verschönern – sie erweitert nicht nur unsere Fähigkeiten, sondern auch unsere Denkweise, unser Engagement und unsere Entscheidungsfindung. Durch die Kombination menschlicher Kreativität, Empathie und Argumentation mit der Geschwindigkeit, Präzision und analytischen Stärke der KI entstehen Technologien, die die Grenzen menschlicher Fähigkeiten dramatisch neu definieren.

KI-Erweiterungen erstrecken sich über mehrere Bereiche: von körperlichen und kognitiven Verbesserungen bis hin zu emotionaler und sozialer Unterstützung. In jedem Bereich erleben wir Durchbrüche, die Gesellschaft, Arzneimittel, Ausbildung, Verwaltung und persönliches Wohlbefinden verändern. Anstatt Menschen zu ersetzen, fungiert KI zunehmend als kollaborativer Komplize, der Stärken verstärkt und Einschränkungen kompensiert.

Im Bereich der kognitiven Erweiterung bietet KI Geräte, die das Gedächtnis verbessern, das Lernen beschleunigen und komplexe Entscheidungen erleichtern. Intelligente Lernstrukturen passen sich beispielsweise an individuelle

Lernstile und -geschwindigkeiten an und schaffen so individuelle Lernpfade. Sprachmodelle unterstützen Forscher dabei, wichtige Datenbanken zu durchforsten, Erkenntnisse zu gewinnen und sogar neue Hypothesen aufzustellen. In Unternehmen ermöglicht KI-gestützte Analytik Fachleuten, präzisere Vorhersagen und strategische Entscheidungen zu treffen, indem sie für das menschliche Auge unsichtbare Muster aufdecken.

Physisch verändert KI den Bereich der assistiven Entwicklung. Robotergliedmaßen, die mithilfe neuronaler Schnittstellen gesteuert werden, geben Amputierten ihre Mobilität zurück. Exoskelette, die auf KI-Algorithmen basieren, unterstützen Menschen mit Wirbelsäulenverletzungen oder Muskelproblemen beim Gehen. Diese Technologien sind keine bloßen Prothesen – sie sind Erweiterungen des menschlichen Körpers, die Aufgaben übernehmen können, die ihren Nutzern früher nicht möglich waren.

In Gesprächen und Interaktionen überwindet KI sprachliche und sensorische Barrieren. Echtzeit-Übersetzungstools, Sprachsynthese für Menschen mit Sprachbehinderungen und KI-gestützte Hörgeräte ermöglichen neue Wege der Barrierefreiheit und Inklusion. Dank KI-gestützter Bildverarbeitungssysteme können Menschen mit Sehbehinderungen in ihrer Umgebung navigieren und Gegenstände oder Menschen anhand von Höreindrücken erkennen. Diese Systeme reparieren nicht nur verlorene Kompetenzen, sondern ermöglichen Nutzern auch eine völlig neue Interaktion mit der Welt.

Einer der interessantesten Bereiche der KI-Erweiterung liegt in der emotionalen und intellektuellen Unterstützung. KI-Begleiter, die auf natürlicher Sprachverarbeitung und affektiver Informatik basieren, werden weiterentwickelt, um älteren Menschen, Menschen mit psychischen Erkrankungen oder isoliert lebenden Menschen emotionale Unterstützung zu bieten. Diese Systeme können empathisch kommunizieren, Anzeichen psychischer Belastungen erkennen und sogar Verhaltenstechniken vorschlagen oder Pflegekräfte alarmieren. Obwohl sie keinen Ersatz für menschliche Kontakte darstellen, stellen sie eine wirksame Ergänzung zur herkömmlichen intellektuellen Gesundheitsversorgung dar.

Produktivität und Innovation am Arbeitsplatz wurden durch KI-Erweiterungen zusätzlich revolutioniert. Intelligente Softwareassistenten automatisieren Routineaufgaben und ermöglichen es Fachleuten, sich auf innovative und strategische Aufgaben zu konzentrieren. In Design und Engineering arbeiten KI-Algorithmen mit Menschen zusammen, um Hunderte von Designvarianten zu erkunden, erstklassige Lösungen zu empfehlen oder sogar gemeinsam neue Produkte zu entwickeln. Musiker, Künstler und Schriftsteller nutzen KI-Tools zunehmend als innovative Partner und schaffen so neue

Ausdrucksformen, die maschinelle Präzision mit menschlicher Kreativität verbinden.

Im Gesundheitswesen erweitert KI die Diagnose- und Entscheidungskompetenz von Ärzten. Radiologen nutzen KI, um frühe Krebssymptome oder Auffälligkeiten in bildgebenden Verfahren präziser zu erkennen. Chirurgen nutzen KI-gesteuerte Roboterstrukturen, um komplexe Operationen mit bemerkenswerter Präzision durchzuführen. Darüber hinaus unterstützt KI die individuelle Behandlung durch die Analyse genetischer Daten und die Vorhersage individueller Reaktionen auf Behandlungen, was zu wirksameren Therapien führt.

Die ethischen Implikationen der Verbesserung menschlicher Fähigkeiten durch KI dürfen nicht außer Acht gelassen werden. Da KI immer stärker in unseren Geist und Körper eindringt, stellen sich Fragen zu Identität, Zugehörigkeit und Ungleichheit. Wer kontrolliert die Informationen, die unsere Gesellschaft prägen? Wie gewährleisten wir einen gleichberechtigten Zugang zu diesen Technologien? Wird die Erweiterung die Kluft zwischen denen vergrößern, die sich Upgrades leisten können, und denen, die es nicht können? Die Auseinandersetzung mit diesen Fragen ist unerlässlich, um sicherzustellen, dass KI als Kraft für den kollektiven Fortschritt und nicht als bloße Teilung dient.

In naher Zukunft wird sich die Synergie zwischen Mensch und KI durch Gehirn-Computer-Schnittstellen, Echtzeit-

Biofeedback-Systeme und kontextsensitive intelligente Umgebungen weiter vertiefen. Diese Fortschritte versprechen, Menschen nicht nur zu befähigen, Grenzen zu überwinden, sondern sie zu überschreiten und neue Bereiche des Glaubens, der Produktivität und der Zielstrebigkeit zu erkunden.

Bei der KI-gestützten Verbesserung geht es nicht darum, Menschen in Maschinen zu verwandeln oder umgekehrt. Es geht darum, eine Partnerschaft aufzubauen, die die positiven Eigenschaften jedes Einzelnen respektiert und fördert. Auf diese Weise setzen wir das wahre Potenzial unserer Spezies frei – nicht mehr, indem wir uns selbst ersetzen, sondern indem wir mithilfe intelligenter Systeme, die unsere Fähigkeiten erweitern, unser Wachstum fördern und unser Leben verbessern, vollständiger menschlich werden.

KAPITEL 6

KI und Kulturwandel

6.1. Kulturelle Wahrnehmungen und KI

Die Schnittstelle zwischen künstlicher Intelligenz (KI) und Kultur verändert unsere Sicht auf Technologie und unseren Umgang mit ihr grundlegend. KI ist nicht nur ein technisches Werkzeug; sie entwickelt sich zu einer kulturellen Kraft und beeinflusst, wie Menschen sich selbst, die Gesellschaft und ihr Umfeld wahrnehmen.

KI ist in der Populärkultur seit langem ein faszinierendes und herausforderndes Thema. Von frühen Science-Fiction-Darstellungen intelligenter Maschinen in Werken wie Metropolis (1927) und 2001: Odyssee im Weltraum (1968) bis hin zu neueren Darstellungen in Filmen wie Ex Machina (2014) und Her (2013) spiegelt KI menschliche Hoffnungen und Ängste wider. Diese Darstellungen haben die öffentliche Wahrnehmung von KI geprägt und sie sowohl als Retter als auch als potenzielle Gefahr dargestellt. Obwohl diese Darstellungen fiktiv sind, spielen sie eine wichtige Rolle bei der Beeinflussung der kulturellen Einstellungen gegenüber KI und ihren Fähigkeiten.

Mit der Entwicklung von KI-Technologien in der Realität verschwimmen die Grenzen zwischen Fiktion und Realität. Der Glaube an KI als empfindungsfähiges, menschenähnliches Wesen hat sich von einer fernen, spekulativen Idee zu einem unmittelbareren, greifbareren Thema entwickelt. Die mediale

Berichterstattung über Fortschritte in der KI, wie die Entwicklung autonomer Fahrzeuge, Gesichtserkennungstechnologie und fortschrittlicher Algorithmen zur Gerätebeherrschung, löst bei manchen Menschen sowohl Überraschung als auch Angst aus. Manche sehen KI als entscheidendes Instrument für gesellschaftliche Entwicklung, andere als Vorbote existenzieller Gefahren wie Massenarbeitslosigkeit, Überwachung und dem Verlust der Privatsphäre.

Einer der tiefgreifendsten kulturellen Veränderungen durch KI ist die Art und Weise, wie sie herkömmliche Vorstellungen von menschlicher Identität in Frage stellt. Jahrhundertelang definierten sich Menschen als von Maschinen unterschieden und besaßen spezifische Eigenschaften wie Bewusstsein, Emotionen und Kreativität. KI beginnt jedoch, diese Unterschiede zu verwischen. Algorithmen des maschinellen Lernens können nun Aufgaben übernehmen, die einst als spezifisch für Menschen galten, darunter das Erkennen von Bildern, das Übersetzen von Sprachen und sogar das Erstellen kreativer Werke.

Die fortschreitende Entwicklung der KI wirft grundlegende Fragen darüber auf, was Menschsein bedeutet. Wenn Maschinen menschliches Verhalten und Denkprozesse nachahmen können, bedeutet das, dass sie über eine Form von Konzentration oder Intelligenz verfügen? Sind sie in der Lage, Gefühle zu empfinden, oder ist ihre „Empathie" lediglich eine

Simulation? Diese Fragen haben tiefgreifende kulturelle Auswirkungen, stellen das konventionelle, menschenzentrierte Weltbild in Frage und lösen neue philosophische Debatten über den Charakter von Bewusstsein, Willensfreiheit und Identität aus.

Der Aufstieg der KI hat die Gesellschaft in vielerlei Hinsicht dazu gezwungen, ihre eigenen Annahmen über die Einzigartigkeit menschlicher Erfahrungen zu hinterfragen. Da KI-Strukturen immer leistungsfähiger werden, fordern sie uns heraus, unser Verständnis davon zu überdenken, was uns zu Menschen macht und ob unsere Identität reproduziert oder von Maschinen weitergegeben werden kann.

KI hat auch einen tiefgreifenden Einfluss auf kulturelle Ausdrucksformen wie Kunst, Musik und Literatur. Kreativwirtschaften, die seit langem mit menschlichem Einfallsreichtum und Emotionen verbunden sind, werden derzeit durch KI-Technologien transformiert, die originelle Werke hervorbringen können. KI-gesteuerte Geräte wie Googles DeepDream und die GPT-Modelle von OpenAI werden eingesetzt, um visuelle Kunstwerke, Songkompositionen und sogar Gedichte zu schaffen und so herkömmliche Vorstellungen von Kreativität und Autorschaft zu hinterfragen.

Während einige argumentieren, dass die Einbindung von KI in das innovative System die Authentizität und emotionale

Tiefe menschengemachter Kunst untergräbt, sehen andere darin eine Chance für völlig neue Ausdrucksformen. KI ermöglicht es Künstlern, Neuland zu erkunden und mit neuen Techniken, Stilen und Medien zu experimentieren. So kann beispielsweise KI-generierte Musik die Grenzen von Klang und Struktur erweitern und Kompositionen schaffen, die für einen menschlichen Komponisten unmöglich wären. Ebenso stellt KI-getriebene bildende Kunst traditionelle ästhetische Normen in Frage und verbindet Surrealismus, Abstraktion und Realismus auf eine Weise, die neue Interpretationen des visuellen Lebensstils provoziert.

Die Debatte über KI in der Kunst wirft zudem Fragen nach dem Wert menschlicher Kreativität auf. Wenn KI Kunst schaffen kann, die mit menschlichen Werken konkurriert oder sie sogar übertrifft, was bedeutet das für die Zukunft des künstlerischen Ausdrucks? Werden menschliche Künstler durch Maschinen verdrängt oder finden sie neue Wege, mit KI zusammenzuarbeiten, um noch revolutionärere Werke zu schaffen? Diese Fragen verändern die kulturelle Wahrnehmung von Kunst, Kreativität und der Rolle des Künstlers in einer zunehmend von der Technologie geprägten Welt.

Ein weiterer wichtiger kultureller Effekt von KI ist ihre Rolle bei der Gestaltung gesellschaftlicher Ethik und Werte. Da KI-Systeme zunehmend in den Alltag integriert werden, können sie Entscheidungen mit ethischen Implikationen treffen. Von selbstfahrenden Autos, die Entscheidungen über

Leben und Tod treffen, bis hin zu Algorithmen, die den Zugang zur Gesundheitsversorgung regeln, wird KI zunehmend in Bereichen eingesetzt, in denen Menschenleben und Wohlbefinden auf dem Spiel stehen.

Der Einsatz von KI in diesen Kontexten wirft wichtige moralische Fragen zu Gerechtigkeit, Pflicht und Transparenz auf. Wie sollten KI-Strukturen Entscheidungen treffen, wenn sie mit widersprüchlichen Werten oder ethischen Dilemmata konfrontiert sind? Wer trägt die Verantwortung, wenn ein KI-Gerät einen Fehler macht oder Schaden verursacht? Dies sind nicht nur technische Fragen, sondern zutiefst kulturelle Probleme, die eine Gesellschaft dazu zwingen, ihre moralischen und ethischen Grenzen in Bezug auf KI zu ziehen.

Die kulturellen Wahrnehmungen der KI-Ethik variieren stark zwischen verschiedenen Gesellschaften und Regionen. In einigen Kulturen wird großer Wert auf den Schutz der Privatsphäre und der Rechte der einzelnen Personen gelegt, was sich auf die Regulierung und den Einsatz von KI auswirkt. In anderen Kulturen liegt der Fokus möglicherweise auf kollektivem Wohlergehen und sozialem Frieden, was zu unterschiedlichen Ansätzen in Bezug auf KI-Governance und -Verantwortung führt. Diese kulturellen Unterschiede spielen eine entscheidende Rolle bei der Entwicklung, Anwendung und Integration von KI-Technologien in die Gesellschaft.

Da sich KI stetig weiterentwickelt, wird sie sicherlich eine immer wichtigere Rolle bei der Gestaltung der kulturellen Wahrnehmung von Technologie, Identität und menschlichen Fähigkeiten spielen. Die Art und Weise, wie KI in den Medien dargestellt, in akademischen Kreisen diskutiert und im Alltag gelebt wird, wird weiterhin unsere Wahrnehmung von Maschinen und ihrer Rolle in der Welt prägen.

In Zukunft könnte sich die kulturelle Wahrnehmung von KI zusätzlich verändern, da neue Durchbrüche in der Gerätebeherrschung, Robotik und Neurowissenschaft zu noch fortschrittlicheren KI-Strukturen führen. Die Grenze zwischen Mensch und Maschine könnte weiterhin verschwimmen, was zu neuen Formen hybrider Identitäten und einem neuen Verständnis von Erkenntnis führt. Mit zunehmender Integration von KI in die Gesellschaft wird sie möglicherweise neu definieren, was es bedeutet, Mensch zu sein, und unsere Annahmen über die Grenzen von Intelligenz, Kreativität und Emotionen auf die Probe stellen.

Da KI-Systeme zunehmend autark werden und eigene Entscheidungen treffen können, wird die Gesellschaft neue ethische Rahmenbedingungen für ihr Verhalten schaffen wollen. Diese Rahmenbedingungen müssen ein breites Spektrum kultureller Werte widerspiegeln und sicherstellen, dass KI-Technologien so eingesetzt werden, dass sie dem menschlichen Wohlbefinden und den gesellschaftlichen Bedürfnissen entsprechen.

Die kulturelle Wahrnehmung von KI entwickelt sich rasant, geprägt durch technologische Fortschritte, veränderte philosophische Perspektiven und veränderte gesellschaftliche Werte. KI ist nicht mehr nur ein Werkzeug; sie entwickelt sich zu einem kulturellen Druck, der unser Verständnis von Menschsein und den Fähigkeiten von Maschinen in Frage stellt. Der fortschreitende Fortschritt der KI wird unser kulturelles Panorama verändern und unsere Sicht auf Identität, Kreativität, Ethik und die Zukunft der Menschheit beeinflussen.

Indem wir diese Veränderungen im kulturellen Bewusstsein gründlich analysieren, können wir die komplexen Beziehungen zwischen Mensch und Maschine besser meistern und sicherstellen, dass KI so entwickelt und eingesetzt wird, dass sie menschliches Gedeihen fördert und zu einer gerechteren und gerechteren Gesellschaft beiträgt. Mit Blick auf die Zukunft ist klar, dass KI nicht nur die Technologie verändern, sondern auch die Substanz unseres kulturellen Lebens neu definieren wird.

6.2. Die Rolle der KI in Kunst und Kreativität

Künstliche Intelligenz (KI) prägt zunehmend die Welt der Kunst und Kreativität. Historisch betrachtet wurde Kunst als ein Bereich betrachtet, der ausschließlich von menschlichem Einfallsreichtum, Emotionen und Glauben geprägt war. Der kreative Prozess gilt seit langem als Ausdruck menschlicher

Erfahrung, Individualität und kultureller Bedeutung. Der Einzug der KI in die Kunst stellt jedoch diese traditionellen Vorstellungen in Frage und eröffnet neue Möglichkeiten der künstlerischen Umsetzung und Interpretation.

Die Fähigkeit der KI, visuelle Kunst zu schaffen, war einer ihrer prägendsten Einflüsse im kreativen Bereich. Algorithmen wie Generative Adversarial Networks (GANs) und Deep-Learning-Modelle wurden anhand umfangreicher Fotosammlungen geschult und ermöglichten so die Schaffung völlig neuer Kunstwerke. Diese KI-Systeme analysieren Muster in bestehenden künstlerischen Bemühungen und lernen, einzigartige Muster und Techniken zu imitieren und zu kombinieren. Die daraus resultierenden Schnappschüsse reichen von hyperrealistischen Bildern bis hin zu abstrakten Landschaften und eröffnen neue Möglichkeiten für kreativen Ausdruck.

Eines der bekanntesten Beispiele für KI-generierte Kunst ist das Gemälde „Edmond de Belamy", das vom Pariser Künstlerkollektiv Obvious mithilfe eines GAN geschaffen wurde. 2018 wurde das Gemälde bei einer Christie's-Auktion für über 432.000 US-Dollar versteigert, was die wachsende Popularität KI-generierter Kunst in der Mainstream-Kunstwelt unterstreicht. Das Foto, ein verschwommenes Porträt einer aristokratischen Figur, veranschaulicht das Potenzial von KI, traditionelle Kunstdokumente zu erforschen und gleichzeitig neuartige Elemente zu integrieren.

Während KI-generierte Kunst interessante Fragen zum Wesen der Kreativität aufwirft, lädt sie zugleich zur kritischen Betrachtung ein. Kritiker argumentieren, dass der „Kreativität" der KI emotionale Intensität und menschliches Erleben fehlen. Schließlich „erlebt" KI die von ihr generierte Motivmenge nicht mehr; sie verarbeitet lediglich Informationen, die ausschließlich auf Stilen basieren. Andere wiederum betrachten KI als Erweiterung der menschlichen Kreativität, wobei der Künstler eher als Leitfaden oder Kurator denn als alleiniger Autor fungiert. Diese Debatte wirft umfassendere Fragen zu Autorschaft und Originalität in der Kunst auf – Fragen, die mit der wachsenden Rolle der KI im kreativen System immer komplexer werden.

Musik hat, wie bildende Kunst, mit der Entwicklung von KI-Tools zum Komponieren und Aufführen von Musik tiefgreifende Veränderungen erfahren. KI-gestützte Programme wie MuseNet und Jukedeck von OpenAI nutzen System Learning, um einzigartige Musikstücke aus einer Vielzahl von Genres zu komponieren. Diese Algorithmen arbeiten mit riesigen Musikdatensätzen und analysieren die zugrundeliegenden Strukturen, Harmonien und Rhythmen, die unterschiedliche Musikstile definieren.

KI-generierte Musik hat bereits Einzug in kommerzielle Bereiche wie Werbung, Filme und Videospiele gehalten, wo sie historische Partituren liefert oder Soundtracks auf Abruf generiert. In künstlicheren Kontexten wird KI von Musikern und Komponisten genutzt, um neue Kompositionsarten zu erforschen. Beispielsweise kann KI-Ausrüstung Akkordfolgen vorschlagen, Melodien erstellen oder sogar bestehende Tracks remixen. Dies eröffnet Musikern neue innovative Möglichkeiten und führt zu neuartigen Klang- und Genrekombinationen.

Manche Musiker und Komponisten betrachten KI als kollaborativen Partner, der es ihnen ermöglicht, die Grenzen ihrer Arbeit zu erweitern und mit Klängen zu experimentieren, die sie sonst vielleicht nicht in Betracht gezogen hätten. So hat beispielsweise die Musikerin Taryn Southern gemeinsam mit einer KI ein Album namens „I AM AI" produziert. Das Gerät generierte den Song, während Southern Text und Gesang beisteuerte. Diese Zusammenarbeit ist ein Beispiel dafür, wie KI die menschliche Kreativität fördern und zu innovativen, kreativen Ergebnissen führen kann.

Der Vormarsch der KI in der Musik wirft jedoch auch Fragen zur Rolle des menschlichen Künstlers im kreativen System auf. Wenn ein Gerät Musik komponieren kann, die sich von der menschlicher Komponisten nicht unterscheidet, mindert das dann den Wert menschlicher Musik? Oder ist die Zusammenarbeit zwischen Mensch und Gerät tatsächlich eine völlig neue Form des kreativen Ausdrucks? Diese Fragen deuten auf eine umfassendere philosophische Untersuchung des Wesens der Kreativität selbst und des Wertes hin, den wir menschlicher Urheberschaft beimessen.

Der Einfluss von KI im Bereich Schreiben und Literatur ist ebenso bemerkenswert. Algorithmen zur Verarbeitung natürlicher Sprache (NLP) wie GPT-3 (weiterentwickelt durch OpenAI) haben die Fähigkeit bestätigt, kohärente und kontextrelevante Prosa, Gedichte oder sogar Drehbücher zu generieren. Diese KI-Strukturen können umfangreiche Textdaten analysieren und lernen, Texte zu erstellen, die zahlreiche Schreibmuster, Tonalitäten und Genres widerspiegeln.

In der Literatur wird KI eingesetzt, um Autoren beim Brainstorming, der Entwicklung von Handlungssträngen und sogar beim Verfassen ganzer Romane zu unterstützen. Beispielsweise kann KI Autoren unterstützen, indem sie Satzstrukturen vorschlägt, Hinweise zu Grammatik und Stil liefert oder sogar Anregungen für kreative Schreibübungen bietet. In einigen Fällen wird KI auch zur autonomen Texterstellung eingesetzt. Es gab Experimente mit KI-generierten Romanen, Gedichten und Essays, bei denen einige Leser nicht wussten, dass sie nicht von einem menschlichen Autor verfasst wurden.

Die Einbindung von KI in das Schreiben hat Debatten über die Authentizität von Literatur ausgelöst. Kritiker argumentieren, dass die emotionale Intensität und Einsicht menschlicher Werke nicht durch Maschinen reproduziert werden können, während andere KI als Instrument der kreativen Auseinandersetzung betrachten. KI ist zwar in der Lage, grammatikalisch korrekte und stilistisch konsistente Texte zu erstellen, aber besitzt sie die emotionale Resonanz und Wahrnehmung, die herausragende Literatur ausmacht? Oder dreht es sich beim Schreiben – wie bei Kunst und Musik – im Wesentlichen um das Zusammenspiel von menschlicher Kreativität und maschinengenerierter Leistung?

Darüber hinaus verstärkt KI-generiertes Schreiben die Bedenken hinsichtlich Urheberschaft und intellektueller Rechte. Wenn eine Maschine ein literarisches Werk produziert, wer besitzt die Rechte daran? Der Autor, der die Anregungen und Anleitungen lieferte, die Entwickler, die die KI geschaffen haben, oder die KI selbst? Diese Fragen werden die kriminelle und ethische Landschaft der KI in den Künsten weiterhin prägen.

Neben traditionellen Kunstwerken spielt KI auch in der digitalen und interaktiven Kunst eine große Rolle. Digitale Kunstwerke, die häufig interaktive Elemente wie virtuelle Realität (VR) und erweiterte Realität (AR) beinhalten, werden durch KI-gesteuerte Geräte transformiert. Diese Geräte ermöglichen es Künstlern, dynamische, sich entwickelnde Kunstwerke zu schaffen, die auf die Bewegungen, Gefühle und sogar Entscheidungen des Betrachters reagieren.

Ein Beispiel dafür sind die Gemälde des Künstlers und Wissenschaftlers Mario Klingemann, dessen KI-generierte Kunst häufig Algorithmen beinhaltet, die in Echtzeit mit dem Betrachter interagieren. In seiner Installation „Neural Glitch" nutzt Klingemann KI, um ständig wechselnde, fehlerhafte Darstellungen der menschlichen Figur zu schaffen und lädt den Betrachter ein, durch Bewegung und Berührung mit der Kunst zu interagieren. Diese Kunstform stellt den passiven Konsum visueller Kultur in Frage und lädt den Betrachter ein, auf innovative Weise aktiv zu werden.

Die Fähigkeit der KI zur Interaktivität und Personalisierung hat auch Auswirkungen auf die Zukunft von Spielen, digitalen Welten und Online- Unterhaltung. KI-gesteuerte Charaktere und Umgebungen werden immer lebensechter und reaktionsschneller und liefern den Nutzern personalisierte Berichte, die sich an ihre Entscheidungen und Bewegungen anpassen. Auf diese Weise erweitert KI das Konzept dessen, was Kunstwerke sein können, und verschiebt die Grenzen des passiven Betrachtens hin zur aktiven Teilnahme und Beteiligung.

Da KI in den Innovationsbranchen eine immer größere Rolle spielt, wirft sie enorme moralische Fragen auf. Eine der drängendsten Sorgen ist die Frage der Urheberschaft. Wenn KI ein Kunstwerk, eine Musik oder ein literarisches Werk erstellt, wer besitzt dann die Rechte daran? Ist es die KI selbst, der

Programmierer, der sie geschaffen hat, oder der Künstler, der ihre Entstehung geleitet hat? Diese Fragen werden immer komplexer, da KI-Strukturen in ihren kreativen Strategien immer eigenständiger werden.

Eine weitere ethische Frage betrifft das Potenzial von KI, menschliche Künstler und Arbeiter in den Innovationsbranchen zu ersetzen. KI kann zwar die menschliche Kreativität fördern, bietet aber auch die Chance, die Arbeitssicherheit in Bereichen wie Bildgestaltung, Musikkomposition und Schreiben zu erhöhen. Wenn Maschinen Kunst auf dem gleichen Niveau wie menschliche Künstler produzieren können, werden menschliche Schöpfer dann an den Rand gedrängt oder verdrängt? Umgekehrt argumentieren einige, dass KI Künstler von monotonen Aufgaben befreien und ihnen ermöglichen wird, sich auf Kreativität und Innovation auf höherer Ebene zu konzentrieren.

Darüber hinaus stellen KI-generierte Kunstwerke traditionelle Vorstellungen von Kreativität in Frage. Wenn ein Gerät Kunstwerke erzeugen kann, die von menschlichen Werken nicht zu unterscheiden sind, was sagt das über den Wert menschlicher Kreativität aus? Beruht Kreativität im Wesentlichen auf technischem Talent oder ist sie untrennbar mit menschlicher Freude, Emotionen und Bewusstsein verbunden?

Die Rolle der KI in Kunst und Kreativität verändert unser Verständnis davon, was Kunstwerk ist, wer es schaffen kann und wie es bewertet wird. Von bildender Kunst über Musik und Literatur bis hin zu interaktiven Medien eröffnet KI neue Möglichkeiten für den künstlerischen Ausdruck und wirft gleichzeitig schwierige Fragen zu Urheberschaft, Originalität und der Rolle des Künstlers auf. Da sich KI weiterhin an die Kreativbranche anpasst und in sie integriert, wird sie die Grenzen der Kunst erweitern und die Gesellschaft dazu zwingen, traditionelle Kreativitätsstandards und die Rolle des Künstlers bei der Gestaltung kultureller Narrative zu überdenken.

Der Einfluss der KI auf Kunst und Kreativität spiegelt einen größeren kulturellen Wandel hin zu einer stärker kollaborativen und dynamischeren Beziehung zwischen Mensch und Maschine wider. Indem wir diese neue Realität annehmen, können wir neue Wege für kreativen Ausdruck eröffnen, unsere Kreativitätskompetenz erweitern und das Potenzial der Mensch-System-Zusammenarbeit in Ansätzen erkunden, die einst undenkbar waren.

6.3. KI und neue menschliche Narrative

Künstliche Intelligenz (KI) integriert sich kontinuierlich in zahlreiche Bereiche unseres Alltags und verändert nicht nur unseren Umgang mit Technologie, sondern auch unsere Art zu erzählen. In Literatur, Film und digitalen Medien spielt KI eine zentrale Rolle bei der Entwicklung neuer Narrative – Narrative, die die Schnittstelle zwischen Mensch und Maschine erforschen und dabei unsere traditionellen Vorstellungen von Identität, Moral und Lebensstil auf den Kopf stellen.

Die Fähigkeit der KI, umfangreiche Statistiken zu verarbeiten, Stile zu erkennen und Konsequenzen vorherzusagen, hat sie zu einem nützlichen Werkzeug für Schriftsteller, Filmemacher und Sportdesigner gemacht. KI-Systeme können bestehende Erzählungen untersuchen, die Feinheiten der Entwicklung von Menschen, die Handlungsstruktur und emotionale Bögen erforschen und dann basierend auf diesem Wissen einzigartige Geschichten generieren. Tools wie GPT-3 von OpenAI wurden beispielsweise zum Schreiben von Kurzgeschichten, Drehbüchern und sogar ganzen Romanen eingesetzt, wobei Maschinen Texte produzierten, die die menschliche Kreativität nachahmten.

KI-generierte Erzählungen können zwar noch nicht die gesamte emotionale Intensität von menschlich verfassten Zeugnissen erreichen, eröffnen aber möglicherweise neue Möglichkeiten für das Geschichtenerzählen. KI ermöglicht die Entwicklung alternativer Handlungsstränge, komplexer Charaktere und verschiedener Sichtweisen, die sonst möglicherweise nicht erkundet worden wären. Im Wesentlichen trägt KI dazu bei, das Geschichtenerzählen zu demokratisieren und es Menschen weltweit zugänglicher zu machen, mit ihnen zu experimentieren und ihre eigenen Erzählungen zu erschaffen. Da KI menschliche Gefühle und Kontexte immer besser versteht, werden die Möglichkeiten für KI-generierte Zeugnisse noch umfassender.

Eines der interessantesten Merkmale des KI-Storytellings ist die zunehmende Zusammenarbeit zwischen Mensch und Maschine. Anstatt menschliche Autoren oder Schöpfer zu ersetzen, fungiert KI als Co-Autor – sie unterstützt bei der Ideenfindung, der Handlungskonstruktion und gibt sogar Echtzeitkommentare zu Schreibaufgaben ab. In solchen Kooperationen fungiert die Maschine als Partner, der die Kreativität des menschlichen Künstlers fördert und die Grenzen des konventionellen Geschichtenerzählens erweitert.

In der Welt der Literatur experimentieren Autoren mit KI-Tools, um problematischere Erzählungen zu entwickeln. KI kann Wendungen in der Handlung vorschlagen, Charaktere basierend auf bestimmten Tendenzen erweitern oder Geschichten sogar mit unerwarteten Enden versehen. Diese Zusammenarbeit ermöglicht es Autoren, neue Themen zu entdecken und komplexe, vielschichtige fiktionale Werke zu schaffen. So nutzen beispielsweise Autoren von Science-Fiction-Romanen KI, um futuristische Welten und Technologien zu erforschen und diese dann in Erzählungen einzubinden, die die moralischen, emotionalen und philosophischen Implikationen dieser Entwicklungen untersuchen.

Das Verfahren beschränkt sich nicht nur auf textbasierte Erzählstile; KI schlägt auch in der Film- und Spielebranche hohe Wellen. Filmemacher nutzen KI, um Drehbücher zu erstellen, Kommunikation zu vermitteln oder sogar bei Computergrafik und Animation zu helfen. In Videospielen wird KI eingesetzt, um dynamische Erzählungen zu schaffen, die auf die Entscheidungen der Spieler reagieren und dabei personalisierte und sich entwickelnde Handlungsstränge berücksichtigen. Die wachsende Rolle von KI in diesen Medien trägt zu interaktiveren und attraktiveren Geschichten für das Publikum bei, wobei die Grenze zwischen Autor und Käufer zunehmend verschwimmt.

KI-generierte Erzählungen bieten eine faszinierende Möglichkeit, das Konzept menschlicher Erfahrung neu zu definieren. Da KI immer besser darin wird, menschliche Gefühle und Verhaltensweisen zu erfassen, hat sie das Potenzial, Erinnerungen zu schaffen, die die Komplexität des menschlichen Daseins auf neue Weise widerspiegeln. Diese Erzählungen könnten existenzielle Fragen zu Identität, Willensfreiheit und der Bedeutung des Lebens untersuchen, jedoch aus einer Perspektive, die traditionelle Perspektiven widerspiegelt.

Beispielsweise wird KI bereits eingesetzt, um digitale Umgebungen zu schaffen, in denen Nutzer mit Charakteren interagieren und den Verlauf der Geschichte beeinflussen können. In solchen Szenarien sind die Erzählungen nicht vorbestimmt; sie entwickeln sich dynamisch, basierend auf den Entscheidungen der Teilnehmer. Dieses Modell hat das Potenzial, das Geschichtenerzählen zu revolutionieren und tiefgreifende personalisierte und immersive Erlebnisse zu ermöglichen, die die vielfältigen Wege widerspiegeln, mit denen Menschen die Welt erkunden. KI könnte es uns ermöglichen, Erinnerungen nicht als passive Beobachter, sondern als aktive Teilnehmer zu erleben und eine Welt zu erkunden, in der unsere Entscheidungen die Erzählung prägen.

Darüber hinaus wird KI genutzt, um Geschichten zu erschaffen, die neue Themen und Herausforderungen aufgreifen, die sich aus unserer Auseinandersetzung mit Technologie ergeben. Ein herausragendes Beispiel hierfür ist die sogenannte „KI-Fiction", die die gesellschaftlichen, philosophischen und moralischen Implikationen fortschrittlicher Geräteintelligenz untersucht. Diese Geschichten stellen wichtige Fragen zur Rolle der KI in unserem Schicksal, etwa ob Maschinen jemals über Bewusstsein verfügen werden, ob man sich auf sie verlassen kann und was es für die Menschheit bedeutet, wenn wir Wesen erschaffen, die uns an Intelligenz und Fähigkeiten übertreffen.

In diesen Erzählungen ist KI nicht immer Bösewicht oder Retter – sie ist oft eine zwiespältige Kraft, ein Spiegel der

Hoffnungen, Ängste und Ziele der Menschheit. Die sich entwickelnde Beziehung zwischen Mensch und Maschine wird in fiktionalen Werken untersucht, die sich mit Themen wie Autonomie, Manipulation und der Verwischung der Grenzen zwischen Mensch und Maschine auseinandersetzen. Diese Erzählungen spiegeln einen wachsenden Fokus auf die Komplexität und Unsicherheit rund um KI wider und bieten Raum für wichtige Reflexionen über die zukünftige Entwicklung der menschlichen Existenz.

Der Einfluss von KI auf menschliche Narrative ist vielleicht am deutlichsten im Genre der Science-Fiction zu erkennen, wo KI schon lange ein relevantes Thema ist. In der Vergangenheit nutzten Science-Fiction-Autoren wie Isaac Asimov, Philip K. Dick und Arthur C. Clarke KI als Vehikel, um futuristische Technologien und ihre Auswirkungen auf die Gesellschaft zu erforschen. Ihre Werke konzentrierten sich regelmäßig auf die Beziehung zwischen Mensch und Maschine und stellten Fragen zu Kontrolle, Autonomie und Ethik.

KI ist auch heute noch ein zentrales Thema der modernen Science-Fiction. Ihre Rolle in diesen Erzählungen entwickelt sich jedoch weiter und spiegelt den wachsenden Einfluss realer und globaler Fortschritte in den Bereichen maschinelles Lernen, Robotik und neuronale Netzwerke wider. Da KI immer stärker in den Alltag integriert wird, nutzen Science-Fiction-Autoren die Technologie, um neue und komplexere Fragen zum Menschsein zu beantworten.

Neuere Science-Fiction-Werke untersuchen beispielsweise die Möglichkeit, dass KI Konzentration oder Selbsterkenntnis erlangt. Diese Geschichten beschäftigen sich oft mit den moralischen Implikationen der Entwicklung von Maschinen, die selbstständig denken, erleben und Entscheidungen treffen können. Welche Rechte könnten solche Maschinen haben? Könnten sie mit Menschen koexistieren oder könnten sie eine Gefahr für unser Leben darstellen? Diese Fragen spiegeln eine tiefsitzende Besorgnis über die potenziellen Gefahren einer ungebremsten KI-Entwicklung wider.

Andere Geschichten untersuchen das Konzept der KI als Werkzeug zur Förderung menschlicher Fähigkeiten. Darin arbeiten Menschen und Maschinen zusammen, um eine neue Form hybriden Lebens zu erschaffen, in der die Grenzen zwischen organischer und künstlicher Intelligenz zunehmend verschwimmen. Diese Geschichten betrachten eine Zukunft, in der KI nicht nur ein Werkzeug der Automatisierung ist, sondern auch dazu beiträgt, menschliche Fähigkeiten, Kreativität und Wissen zu steigern.

Da KI weiterhin die Geschichten prägt, die wir erzählen, wirft sie auch wichtige ethische Fragen zur Rolle von Maschinen im kreativen Prozess auf. Eines der größten Probleme ist die Urheberschaft. Wenn eine KI eine Geschichte generiert, wem gehört diese? Ist es der Entwickler der KI, derjenige, der die Parameter eingibt, oder das System selbst? Da

KI in ihren kreativen Bemühungen immer eigenständiger wird, werden diese Fragen nach Besitz und Kontrolle komplexer.

Es gibt auch Bedenken hinsichtlich der Fähigkeit der KI, Voreingenommenheit und Ungleichheit beim Geschichtenerzählen aufrechtzuerhalten. Wenn KI auf aktuelle Erzählungen spezialisiert ist, die uralte Vorurteile und Stereotypen widerspiegeln, besteht die Gefahr, dass diese Vorurteile in KI-generierten Erinnerungen fortbestehen. Da sich die KI ständig anpasst, ist es für die Entwickler von entscheidender Bedeutung, sicherzustellen, dass die von ihr produzierten Aussagen vielfältig, inklusiv und repräsentativ für alle Stimmen sind.

Hinzu kommt die Frage der Authentizität. Wenn Maschinen in der Lage sind, Zeugnisse zu produzieren, die von menschlichen Texten nicht zu unterscheiden sind, was sagt das über den Preis menschlicher Kreativität aus? Verringert die Einbindung eines Systems in den Innovationsprozess die Bedeutung des Werks? Oder eröffnet sie neue Möglichkeiten des Geschichtenerzählens und bereichert die kreative Landschaft mit frischen Gedanken und Perspektiven?

KI verändert die Art und Weise, wie wir Geschichten erzählen, grundlegend – von ihrer Rolle als Co-Autor in Literatur und Film bis hin zu ihrer Fähigkeit, völlig neue menschliche Narrative zu entwickeln. Durch ihre Fähigkeit, Daten zu verarbeiten und zu analysieren, gestaltet KI die Innovationslandschaft neu und bietet neue Möglichkeiten der

Erforschung und des Ausdrucks. Da sich KI ständig weiterentwickelt, wird sie sicherlich eine immer wichtigere Rolle bei der Entwicklung menschlicher Narrative spielen – Narrative, die unser Verständnis davon, was es bedeutet, Mensch zu sein, innovativ zu sein und in einer Welt zu leben, in der Maschinen ein wichtiger Teil unseres Lebens sind, neu definieren.

Die Schnittstelle zwischen KI und Storytelling eröffnet neue Möglichkeiten für die Zukunft der menschlichen Kultur. KI kann unser Wissen über uns selbst und unsere Region in der Welt erweitern und neue Geschichten hervorbringen, die unsere Hoffnungen, Ängste und Wünsche widerspiegeln. Um die Komplexität dieser Beziehung zu meistern, ist es wichtig, die ethischen, philosophischen und kulturellen Auswirkungen von KI auf die Gestaltung der Geschichten zu erforschen, die unser kollektives Erleben prägen.

KAPITEL 7

Künstliche Intelligenz und die Zukunft der Menschheit

7.1. Die sich verändernde Welt durch den Einfluss der KI

Der Einfluss künstlicher Intelligenz (KI) auf die Branche zählt zu den tiefgreifendsten und transformativsten Entwicklungen der modernen Technologiegeschichte. Von der Automatisierung in der Industrie bis hin zu Durchbrüchen im Gesundheitswesen verändert KI nahezu jeden Aspekt des menschlichen Lebens. Da sich KI ständig weiterentwickelt, wird sie die Funktionsweise von Gesellschaften, Volkswirtschaften und den Alltag der Menschen maßgeblich beeinflussen.

KI hat bereits begonnen, die globale Landschaft in großem Maßstab zu beeinflussen. Der Aufstieg intelligenter Technologien, des Systemlernens und autarker Systeme hat es Gruppen und Regierungen ermöglicht, fundiertere Entscheidungen zu treffen, die Betriebseffizienz zu steigern und neue Innovationsmöglichkeiten zu schaffen. So haben beispielsweise Branchen wie Fertigung, Logistik und Landwirtschaft von der KI-gestützten Automatisierung profitiert, die zu einer höheren Produktivität und geringeren Kosten geführt hat. Die Auswirkungen der KI auf das Gesundheitswesen waren ähnlich tiefgreifend: Wissenschaftler nutzen fortschrittliche Algorithmen, um Krankheiten zu diagnostizieren, Behandlungen vorzuschlagen und Patientenergebnisse präziser vorherzusagen.

Der Einfluss von KI beschränkt sich jedoch nicht nur auf die globale Unternehmensforschung oder klinische Forschung. Sie spielt auch eine entscheidende Rolle bei der Gestaltung unseres Alltags – von digitalen Assistenten, die uns bei der Terminplanung unterstützen, bis hin zu KI-gestützten Empfehlungssystemen, die beeinflussen, was wir sehen, hören und kaufen. Diese Technologien werden zunehmend in das gesellschaftliche Gefüge integriert, weshalb es wichtig ist, die umfassenden gesellschaftlichen Veränderungen zu berücksichtigen.

Einer der größten Veränderungen, die KI in der Arbeitswelt bewirkt, sind ihre Auswirkungen auf den Arbeitsmarkt. Automatisierung und KI-Technologie werden voraussichtlich viele traditionelle Arbeitsplätze modernisieren, insbesondere in Branchen wie Produktion, Transport und Einzelhandel. Dies stellt zwar Arbeitnehmer vor Herausforderungen, deren Arbeitsplätze gefährdet sind, schafft aber auch neue Chancen für Menschen, die sich an die veränderte Landschaft anpassen können.

Beispielsweise trägt KI maßgeblich zur Entwicklung neuer Rollen und Bereiche bei, die zuvor nicht möglich waren. Datenwissenschaftler, KI-Ethik-Experten und Maschinenbauingenieure sind nur einige der vielen neuen Berufe, die als Reaktion auf die KI-Revolution entstanden sind.

Darüber hinaus ermöglicht KI den Menschen flexibleres und produktiveres Arbeiten durch verbesserte Kollaborationstools, verbesserte Remote-Arbeitsfähigkeiten und die Rationalisierung administrativer Aufgaben.

Die Hinwendung zu einer KI-gestützten Wirtschaft wirft auch Fragen zur Zukunft der Arbeit auf. Wie können Gesellschaften sicherstellen, dass die Vorteile der KI gerecht verteilt werden? Wird der Aufstieg der KI bestehende Ungleichheiten verschärfen oder zu einer inklusiveren, prosperierenden Welt führen? Dies sind wichtige Fragen, mit denen sich politische Entscheidungsträger, Unternehmensleiter und Bürger auseinandersetzen müssen, wenn sie die Zukunft der Arbeit in einer KI-gestützten Welt gestalten.

KI hat ebenfalls einen enormen Einfluss auf soziale Systeme und Beziehungen. Da KI-Technologien immer stärker in den Alltag integriert werden, verändern sie die Art und Weise, wie Menschen miteinander und mit ihrer Umwelt interagieren. Beispielsweise haben KI-gestützte Systeme wie soziale Medien den verbalen Austausch revolutioniert und neue Möglichkeiten der Selbstdarstellung, Vernetzung und Zusammenarbeit geschaffen. Gleichzeitig haben diese Technologien Bedenken hinsichtlich Datenschutz, Datensicherheit und Manipulationsmöglichkeiten geweckt.

KI verändert auch die politische Landschaft und beeinflusst Wahlen, die öffentliche Meinung und die

Regierungsführung. KI-gestützte Überwachungssysteme, prädiktive Analysen und automatisierte Entscheidungsverfahren werden zunehmend von Regierungen eingesetzt, um Bürger zu überwachen und die öffentliche Ordnung zu gestalten. Diese Technologien bieten zwar das Potenzial für mehr Effizienz und Transparenz, werfen aber auch große ethische Fragen zu Privatsphäre, bürgerlichen Freiheiten und dem Bewusstsein für Macht auf.

In der Welt des Bildungswesens verändert KI die Art und Weise, wie Wissen vermittelt und weitergegeben wird. Von personalisierten Lernalgorithmen bis hin zu KI-gestützten Lehrmitteln: Bildungssysteme weltweit setzen KI-Technologien ein, um Lernergebnisse zu verbessern und den Zugang zu Bildung zu verbessern. Der massive Einsatz von KI im Bildungswesen wirft jedoch auch Fragen nach der zukünftigen Rolle menschlicher Lehrkräfte und dem Potenzial von KI auf, bestehende Ungleichheiten beim Zugang zu erstklassiger Bildung zu verewigen.

Neben ihren Auswirkungen auf Gesellschaft und Finanzsystem bietet KI auch das Potenzial, einige der dringendsten Umweltprobleme der Welt zu bewältigen. KI kann eingesetzt werden, um den Energieverbrauch zu optimieren, Abfall zu reduzieren und die Ressourcennutzung zu verbessern. Beispielsweise können KI-Algorithmen genutzt werden, um Stromverbrauchsmuster vorherzusagen und so intelligentere Netze zu ermöglichen, die in Echtzeit auf

Nachfrageänderungen reagieren können. KI wird auch im Naturschutz eingesetzt, um Forscher bei der Überwachung der Artenvielfalt, der Beobachtung von Tier- und Pflanzenpopulationen und der Vorhersage der Auswirkungen des Klimawandels auf Ökosysteme zu unterstützen.

Darüber hinaus trägt KI zur Entwicklung nachhaltiger Technologien bei, darunter Elektrofahrzeuge und erneuerbare Energiesysteme. Durch die Optimierung von Produktionsprozessen und die Entwicklung innovativer Lösungen trägt KI dazu bei, den Übergang zu einer nachhaltigeren und umweltfreundlicheren Weltwirtschaft voranzutreiben.

Da sich die KI weiter verstärkt, ist ihre Fähigkeit, den Sektor zu transformieren, enorm. Das gesamte Ausmaß ihrer Auswirkungen bleibt jedoch ungewiss, und der Weg in die Zukunft ist nicht ohne Herausforderungen. Ethische Bedenken hinsichtlich der Funktion der KI in der Gesellschaft, ihrer Auswirkungen auf die Privatsphäre und die menschliche Autonomie sowie ihres Potenzials, gegenwärtige soziale Systeme zu stören, müssen berücksichtigt werden, um sicherzustellen, dass die Vorteile der KI maximiert und gleichzeitig ihre Risiken gemindert werden.

Das Schicksal der KI und ihre Auswirkungen auf die Welt werden von den Entscheidungen der Menschen abhängen. Mit zunehmender Leistungsfähigkeit der KI-Technologie liegt es an politischen Entscheidungsträgern, Technologieexperten und der Gesellschaft insgesamt, die Art und Weise ihrer Nutzung zu gestalten. Indem wir die Zusammenarbeit fördern, eine verantwortungsvolle Entwicklung vorantreiben und sicherstellen, dass KI mit menschlichen Werten im Einklang steht, können wir ein Schicksal schaffen, in dem KI das Wohlbefinden jedes Einzelnen steigert und den Aufbau einer gerechteren, gleichberechtigteren und nachhaltigeren Welt ermöglicht.

KI prägt die Welt bereits tiefgreifend, und ihr Einfluss dürfte weiter zunehmen. Die fortschreitende Anpassung der KI bringt sowohl Chancen als auch Herausforderungen mit sich und verändert Gesellschaft, Wirtschaft und Umwelt auf eine Weise, die wir erst jetzt verstehen. Indem wir die potenziellen Folgen von KI sorgfältig abwägen und proaktiv ihre Entwicklung vorantreiben, können wir sicherstellen, dass die Zukunft der KI der gesamten Menschheit zugutekommt.

7.2 Künstliche Intelligenz und soziale Ungleichheiten

Der Aufstieg künstlicher Intelligenz (KI) eröffnet zahlreiche Möglichkeiten für wirtschaftliches Wachstum und soziale Entwicklung, bringt aber auch enorme Herausforderungen mit sich, insbesondere im Bereich sozialer Ungleichheiten. KI kann gesellschaftliche Ungleichheiten sowohl verschärfen als auch abmildern. Das Verständnis der

Auswirkungen von KI auf diese Ungleichheiten ist entscheidend für eine Zukunft, in der technologische Fortschritte allen Gesellschaftsschichten zugutekommen und nicht bestimmte Unternehmen überproportional begünstigen.

Einer der wichtigsten Bereiche, in denen KI soziale Ungleichheiten beeinflussen könnte, ist der Arbeitsmarkt. KI-getriebene Automatisierung hat bereits begonnen, bestimmte Arten von Arbeitsplätzen zu modernisieren, vor allem solche mit repetitiven Aufgaben sowie Produktions- und Verwaltungsaufgaben. Diese Verdrängung könnte eine große Kluft zwischen denjenigen schaffen, die über die Fähigkeiten verfügen, sich an den neuen Arbeitsmarkt anzupassen – darunter Positionen in der KI-Programmierung, Datenanalyse oder im maschinellen Lernen – und denjenigen, die dies nicht tun. Geringverdiener, insbesondere in weniger technikaffinen Regionen, könnten zudem Schwierigkeiten haben, die notwendigen Fähigkeiten für den Übergang in diese neuen Rollen zu erwerben, was die Kluft zwischen Wohlhabenden und der arbeitenden Klasse zusätzlich vertieft.

Die digitale Kluft spielt auch eine entscheidende Rolle bei der Fähigkeit von KI, Ungleichheit zu mildern oder zu verschärfen. Der Zugang zu Technologie – sei es Internet, Hochleistungsrechner oder KI-gesteuerte Geräte – ist nach wie vor nicht selbstverständlich. In vielen Bereichen der Branche, insbesondere in Entwicklungsländern, kann der fehlende

Zugang zu solchen Ressourcen wirtschaftliche Mobilität und Bildung behindern und Einzelpersonen und Gemeinschaften in einer zunehmend KI-getriebenen Welt vor einem allgemeinen Nachteil stellen. Wer nicht über die Infrastruktur zur Unterstützung von KI-Entwicklungen verfügt, läuft Gefahr, in einer Zukunft, in der sich die Technologie rasant weiterentwickelt, abgehängt zu werden.

Auch KI selbst ist nicht frei von Vorurteilen. Die Algorithmen hinter KI-Systemen basieren oft auf Daten, die historische Vorurteile und Ungleichheiten widerspiegeln, darunter geschlechtsspezifische, rassistische und wirtschaftliche Vorurteile. Werden KI-Systeme mit verzerrten Daten trainiert, können sie diese Ungleichheiten verewigen oder sogar verstärken und so alles beeinflussen, von Einstellungspraktiken bis hin zum Zugang zu Gesundheits- oder Finanzdienstleistungen. Beispielsweise können KI-Algorithmen im Recruiting versehentlich Bewerber bevorzugen, die dem Profil derjenigen entsprechen, die historisch für bestimmte Positionen eingestellt wurden, und so bestehende soziale und wirtschaftliche Hierarchien verstärken.

Die Bewältigung dieser Probleme erfordert einen vielschichtigen Ansatz. Zunächst müssen konzertierte Anstrengungen unternommen werden, um sicherzustellen, dass KI-Technologien inklusiv gestaltet werden. Dazu gehört die Entwicklung vielfältigerer Datensätze und die Gewährleistung transparenter und verantwortungsvoller KI-Strukturen.

Darüber hinaus müssen Regierungen und Unternehmen daran arbeiten, die digitale Kluft zu überbrücken, indem sie einen gleichberechtigten Zugang zu Technologie und Bildung gewährleisten. Dazu gehören auch Investitionen in die Infrastruktur, insbesondere in unterversorgten Regionen, und die Bereitstellung von Bildungsprogrammen, die Menschen dabei unterstützen, die für den sich entwickelnden Prozessmarkt erforderlichen Fähigkeiten zu erwerben.

Darüber hinaus sind politische Maßnahmen erforderlich, um den ethischen Umgang mit KI zu verbessern. Regierungen müssen Richtlinien entwickeln und umsetzen, die verhindern, dass KI soziale Ungleichheiten verschärft. Dies kann auch die Festlegung von Richtlinien für den verantwortungsvollen Einsatz von KI in Bereichen wie dem Gesundheitswesen, der Strafjustiz und der Personalbeschaffung umfassen, wo voreingenommene Algorithmen tiefgreifende Auswirkungen auf das Leben der Menschen haben können. KI sollte so eingesetzt werden, dass sie Gerechtigkeit, Vielfalt und Chancengleichheit fördert – nicht nur für wenige, sondern für alle Mitglieder der Gesellschaft.

Die Auswirkungen von KI auf soziale Ungleichheiten hängen von ihrer Implementierung und Regulierung ab. Es ist unerlässlich, dass KI mit Fokus auf Fairness, Inklusivität und Gerechtigkeit entwickelt wird, um sicherzustellen, dass ihre Vorteile umfassend genutzt werden. Indem wir diese

Herausforderungen direkt angehen, können wir auf eine Zukunft hinarbeiten, in der KI zu einer gerechteren und einheitlicheren Gesellschaft beiträgt, anstatt die bestehenden Spaltungen zu verstärken.

7.3. Bedrohungen und Chancen für die Menschheit

Da sich künstliche Intelligenz (KI) weiterhin in einem bemerkenswerten Tempo anpasst, wird ihr Einfluss auf das Schicksal der Menschheit sowohl eine interessante Chance als auch eine ernsthafte Herausforderung darstellen. KI hat das Potenzial, jeden Aspekt des Lebens neu zu gestalten – vom Gesundheitswesen über die Bildung und Wirtschaft bis hin zur menschlichen Interaktion. Wie jede leistungsstarke Technologie birgt KI jedoch erhebliche Risiken, wenn sie missbraucht oder unzureichend reguliert wird. Das Verständnis dieser beiden Aspekte – der Möglichkeiten und der möglichen Risiken – ist wichtig, um ihre Integration in die Gesellschaft zu steuern und sicherzustellen, dass ihre Vorteile genutzt und gleichzeitig ihre Gefahren minimiert werden.

KI bietet transformative Möglichkeiten, die die Lebensqualität der Menschen weltweit erheblich verbessern könnten. Im Gesundheitswesen hat KI das Potenzial, die Prävention, Diagnose und Behandlung von Krankheiten zu revolutionieren. Algorithmen des maschinellen Lernens werden bereits zur Analyse medizinischer Daten eingesetzt und ermöglichen so eine frühere Erkennung von Krankheiten wie Krebs, Herzkrankheiten und neurologischen Problemen. Durch die weitaus effizientere Verarbeitung großer Datenmengen als Menschen können KI-Systeme medizinischen Experten helfen, Muster und Erkenntnisse zu erkennen, die sonst möglicherweise unentdeckt bleiben. Dies könnte zu besseren Gesundheitsergebnissen, personalisierten Behandlungsplänen und letztendlich einer längeren Lebenserwartung führen.

In der Bildung könnte KI das Lernen auf bisher unerreichbare Weise individualisieren. KI-gestützte Nachhilfesysteme könnten sich an die individuellen Bedürfnisse der Studierenden anpassen und Echtzeit-Feedback sowie maßgeschneiderte Anweisungen geben. Dieser personalisierte Bildungsansatz könnte dazu beitragen, Lernlücken zu schließen und es Studierenden aller Hintergründe zu ermöglichen, ihr volles Potenzial auszuschöpfen. Darüber hinaus kann KI eingesetzt werden, um administrative Aufgaben zu optimieren, Lehrkräfte zu entlasten und ihnen mehr Freiraum für die Lehre zu geben sowie das allgemeine Lernerlebnis zu verbessern.

Auch die finanziellen Möglichkeiten, die KI bietet, sind vielfältig. Die Automatisierung von Aufgaben und Prozessen kann zu deutlichen Produktivitätssteigerungen führen und so das Wirtschaftswachstum vorantreiben. Branchen wie

Fertigung, Logistik und Landwirtschaft profitieren bereits von den Vorteilen der KI-gesteuerten Automatisierung, die Abläufe rationalisieren und Kosten senken kann. Darüber hinaus könnte KI völlig neue Branchen und Arbeitsplätze schaffen, insbesondere in Bereichen wie KI-Entwicklung, Informationswissenschaft und Robotik.

KI hat zudem das Potenzial, einige der dringendsten globalen Herausforderungen der Menschheit zu bewältigen, darunter den Klimawandel. KI-gesteuerte Modelle können eingesetzt werden, um Wettermuster vorherzusagen, den Energieverbrauch zu optimieren und nachhaltigere Praktiken in Landwirtschaft und Industrie zu schaffen. Maschinelles Lernen kann dazu beitragen, CO_2-Emissionen zu reduzieren, während KI-gestützte Systeme dazu beitragen können, erneuerbare Energiequellen effizienter zu nutzen. KI kann somit eine Schlüsselrolle bei der Reduzierung der Umweltauswirkungen menschlicher Aktivitäten und der Eindämmung des Klimawandels spielen.

So vielfältig die Möglichkeiten der KI auch sind, so groß sind auch die damit verbundenen Gefahren und Bedrohungen für die Menschheit. Eine der größten Sorgen ist die Verdrängung von Arbeitsplätzen. Mit der zunehmenden Verbreitung der KI droht die Automatisierung viele traditionell von Menschen ausgeübte Arbeitsplätze zu ersetzen, vor allem in Branchen wie Produktion, Kundenservice und Transport. Die finanziellen Folgen dieser Verdrängung werden gravierend sein, insbesondere wenn die entlassenen Arbeitnehmer nicht für neue Aufgaben umgeschult oder weitergebildet werden. Dies könnte zu hoher Arbeitslosigkeit, finanzieller Ungleichheit und sozialen Unruhen führen, wenn die Vorteile der KI nicht gerecht verteilt werden.

Eine weitere Gefahr der KI liegt in ihrer Fähigkeit, Macht in den Händen einiger Unternehmen und Regierungen zu konzentrieren. Mit zunehmender Komplexität von KI-Systemen könnte die Kontrolle über diese Technologie von wenigen Akteuren monopolisiert werden. Diese Machtkonzentration könnte zu KI-Missbrauch führen, beispielsweise durch Überwachung, soziale Manipulation oder sogar die Entwicklung autonomer Waffen. Die ethischen Auswirkungen KI-gestützter Überwachung und Kontrolle sind erheblich, insbesondere in einer Zeit, in der die Privatsphäre bereits bedroht ist.

Hinzu kommt das Problem der Voreingenommenheit und Diskriminierung durch KI. KI-Systeme sind nur so gut wie die Daten, mit denen sie trainiert werden. Wenn diese Daten bestehende gesellschaftliche Vorurteile widerspiegeln, kann KI diese Vorurteile aufrechterhalten und verstärken. Diskriminierung in Bereichen wie Einstellung, Strafverfolgung und Kreditwürdigkeitsprüfung ist ein echtes Problem, da KI möglicherweise rassische, geschlechtsspezifische und sozioökonomische Ungleichheiten verstärkt. Dies könnte bestehende Ungleichheiten verschärfen und zu einer weiteren Marginalisierung gefährdeter Gruppen führen.

Darüber hinaus bietet die Entwicklung autonomer Waffen mit KI-Antrieb eine gewaltige Herausforderung. KI kann zwar zur Verbesserung von Sicherheit und Schutz eingesetzt werden, doch die Einführung autonomer Drohnen, Roboter und anderer Marinetechnologien wirft kritische Fragen zu Verantwortung, Kontrolle und dem Risiko unbeabsichtigter Auswirkungen auf. Autonome Waffen könnten in Konflikten ohne menschliches Eingreifen eingesetzt werden und zu einer neuen Generation der Kriegsführung führen, die schwer zu regulieren oder einzudämmen sein wird.

Schließlich besteht das existenzielle Risiko, das KI für die Menschheit als Ganzes darstellt. Obwohl dieser Sachverhalt spekulativ ist, äußern viele Experten Bedenken hinsichtlich der Entwicklung superintelligenter KI – Maschinen, die die menschliche Intelligenz übertreffen und möglicherweise unkontrollierbar werden. Die Sorge ist, dass eine solche KI ihre persönlichen Wünsche über das menschliche Wohlergehen stellt, was zu katastrophalen Folgen führen könnte. Obwohl die Technologie noch weit davon entfernt ist, dieses Intelligenzniveau zu erreichen, bleibt diese Möglichkeit Gegenstand intensiver Debatten und Diskussionen innerhalb der KI-Community.

Um sicherzustellen, dass KI weiterentwickelt und so eingesetzt wird, dass ihr Nutzen maximiert und gleichzeitig ihre

Risiken minimiert werden, sind die Umsetzung sorgfältiger Gesetze, ethischer Richtlinien und internationaler Zusammenarbeit unerlässlich. Politiker, Technologen und Ethiker müssen zusammenarbeiten, um Rahmenbedingungen zu schaffen, die Transparenz, Verantwortung und Fairness in der KI-Entwicklung fördern. Dazu gehört die Bewältigung von Problemen wie KI-Voreingenommenheit, Datenschutzproblemen und der Möglichkeit der Arbeitsplatzverlagerung durch Umschulungsprogramme und soziale Sicherungssysteme.

Darüber hinaus erfordern die potenziellen Risiken der KI, darunter die Bewaffnung autonomer Systeme oder die Machtkonzentration in wenigen Unternehmen, weltweite Vereinbarungen und Regulierungen. So wie Atomwaffen Gegenstand internationaler Verträge waren, müssen KI-Technologien – insbesondere solche mit militärischen Programmen – sorgfältig überwacht und kontrolliert werden, um Missbrauch zu verhindern.

Die Zukunft von KI und Menschheit wird davon abhängen, wie diese Herausforderungen bewältigt werden. Die Chancen für die menschliche Entwicklung sind beträchtlich, doch ohne sorgfältige Berücksichtigung der damit verbundenen Gefahren könnte KI bestehende Probleme verschärfen oder neue schaffen. Indem wir diese Bedrohungen direkt angehen, können wir das volle Potenzial der KI nutzen und gleichzeitig ihre Risiken absichern. So können wir sicherstellen, dass sie auch künftigen Generationen den angenehmen Freizeitbeschäftigungen der Menschheit dient.

7.4. Global Governance und KI

Da sich die Technologie der künstlichen Intelligenz in beispiellosem Tempo weiterentwickelt, reicht ihre transformative Wirkung über Grenzen, Volkswirtschaften und Kulturen hinaus und erfordert ein koordiniertes und umfassendes System globaler Governance. Die Notwendigkeit globaler Governance im Bereich KI ergibt sich aus ihrem inhärent transnationalen Charakter – Algorithmen, Datenflüsse und Entscheidungssysteme sind nicht mehr auf die Gerichtsbarkeit eines einzelnen Staates beschränkt. Dies bringt neue Herausforderungen in Bezug auf Regulierung, Ethik, Rechenschaftspflicht und Durchsetzung mit sich. Folglich muss sich die internationale Governance mit der Balance zwischen Innovation und Aufsicht auseinandersetzen, einen gleichberechtigten Zugang fördern und geopolitischen Widerstand und Missbrauch verhindern.

Einer der Hauptgründe für die weltweite KI-Governance ist das Fehlen einheitlicher Normen und rechtlicher Rahmenbedingungen für ihre Entwicklung und ihren Einsatz. Derzeit verfolgen Länder und Behörden unterschiedliche Regulierungspfade, die häufig von lokalen Interessen, wirtschaftlichen Prioritäten oder politischen Ideologien bestimmt werden. So betont beispielsweise die Datenschutz-Grundverordnung (DSGVO) der Europäischen Union das Recht auf Daten und Privatsphäre, während Chinas Regulierungsmodell auf Datenhoheit und staatliche Aufsicht setzt. Die Vereinigten Staaten hingegen haben traditionell Innovationen mit eher lockerer Regulierung gefördert. Diese gegensätzlichen Ansätze führen zu Reibungen, Regulierungsarbitrage und einem Mangel an harmonisierten ethischen Standards beim globalen KI-Einsatz. Das Fehlen einheitlicher Richtlinien erhöht zudem das Risiko, dass KI für Überwachung, Desinformationskampagnen, autonome Waffen und virtuelle Repression eingesetzt wird.

Global Governance muss daher darauf abzielen, universelle Standards und Kontrollmechanismen zu etablieren, die nationale Hürden überwinden. Initiativen wie die OECD-KI-Prinzipien und die UNESCO-Empfehlung zur Ethik der Künstlichen Intelligenz stellen erste Versuche dar, einen gemeinsamen Wertekanon zu formulieren – darunter Transparenz, Rechenschaftspflicht, Fairness und ein menschenzentriertes Design. Diese Rahmenwerke sind jedoch unverbindlich und verfügen oft nicht über Durchsetzungsmechanismen. Eine zentrale Aufgabe besteht darin, solche freiwilligen Standards in weltweit durchsetzbare Normen umzuwandeln, ohne Innovationen zu behindern oder die digitale Kluft zwischen technologisch fortgeschrittenen Ländern und Entwicklungsländern zu verstärken.

Institutionell gesehen erfordert die globale KI-Governance möglicherweise die Einführung oder den Ausbau multilateraler Gremien, die Standards setzen, die Zusammenarbeit fördern und Konflikte vermitteln können. Eine Möglichkeit wäre eine Sonderorganisation der Vereinten Nationen, wie beispielsweise die Internationale Atomenergie-Organisation (IAEO), die die KI-Risiken und die Einhaltung von Vorschriften überwachen soll. Ein weiterer Ansatz könnte die Einbeziehung internationaler KI-Observatorien oder -Konsortien sein, die Statistiken, Studien und Erkenntnisse bündeln und gleichzeitig Protokolle für Sicherheit und Gerechtigkeit durchsetzen. Diese Gremien könnten nicht nur technologische Entwicklungen aufzeigen, sondern auch deren gesellschaftliche Auswirkungen analysieren, Verhaltensrisiken prüfen und unterrepräsentierte Länder beim Kompetenzaufbau unterstützen.

Die Politik der globalen KI-Governance ist jedoch komplex. Führende Nationen betrachten KI-Dominanz als strategisches Kapital und Quelle nationaler Macht, was die Zusammenarbeit erschwert. Der Wettlauf um die KI-Überlegenheit zwischen den USA und China beispielsweise spielt sich oft im Kontext nationaler Sicherheit, wirtschaftlicher Auswirkungen und ideologischer Kontrolle ab, was zu Misstrauen und Fragmentierung führt. Eine starke globale

Governance muss Vertrauen, gegenseitige Verantwortung und ein gemeinsames Verständnis der langfristigen existenziellen Risiken unregulierter KI fördern. Transparenz in Berichten, Vereinbarungen zum Informationsaustausch und kollaborative Innovationssysteme sind für den Aufbau eines solchen Vertrauens unerlässlich. Diplomatische Bemühungen müssen auch geistige Eigentumsrechte, Technologietransfers und einen gleichberechtigten Zugang zu KI-Errungenschaften berücksichtigen.

Ein weiterer wesentlicher Bestandteil der internationalen KI-Governance ist Inklusion. Governance-Systeme müssen sicherstellen, dass die Stimmen des Globalen Südens, indigener Gemeinschaften und marginalisierter Bevölkerungsgruppen vertreten sind. Viele Entwicklungsländer laufen Gefahr, aufgrund fehlender Infrastruktur, Informationen oder Investitionen bei der KI-Revolution den Anschluss zu verlieren. Ohne internationale Zusammenarbeit dürfte diese technologische Kluft Ungleichheit und Ausgrenzung weiter verschärfen. Governance-Mechanismen müssen daher Mechanismen für Technologieaustausch, Bildung und Unterstützung für eine verantwortungsvolle lokale KI-Entwicklung umfassen.

Darüber hinaus muss sich die globale Governance mit neuen Herausforderungen auseinandersetzen, darunter den Auswirkungen von KI auf Arbeitsmärkte, Fehlinformationen und ihrer Rolle bei der Gestaltung des politischen Diskurses. Beispielsweise können algorithmische Inhaltsmoderations- und Empfehlungssysteme auf internationalen Social-Media-Plattformen die öffentliche Meinung, Wahlen und den sozialen Frieden beeinflussen. Ebenso stellen KI-generierte Deepfakes und künstliche Medien neue Bedrohungen für Fakten und Vertrauen in demokratische Gesellschaften dar. Internationale Protokolle und Abkommen müssen entwickelt werden, um den Missbrauch solcher Instrumente einzudämmen und gleichzeitig die Meinungsfreiheit zu wahren.

KI-Governance überschneidet sich zudem mit Klima-Governance. Das Training großer KI-Modelle verbraucht umfangreiche Rechenressourcen und Energie. Daher ist globale Koordination erforderlich, um die ökologische Nachhaltigkeit der KI-Infrastruktur zu gewährleisten. Dazu gehört die Förderung energieeffizienter Algorithmen, nachhaltiger Datenzentren und umweltfreundlicher KI-Praktiken, die mit globalen Klimazielen im Einklang stehen.

Die Zukunft der globalen Governance im Bereich KI hängt von der Gewährleistung eines sensiblen Gleichgewichts ab: Förderung von Innovationen bei gleichzeitiger Wahrung grundlegender Menschenrechte; Respektierung nationaler Souveränität bei gleichzeitiger Bewältigung transnationaler Risiken; Förderung gemeinsamen Wohlstands ohne Verstärkung struktureller Ungleichheiten. Dies erfordert visionäre Führung, nachhaltiges diplomatisches Engagement und die Erkenntnis, dass KI als transformative Kraft globale Verantwortung erfordert.

Ohne eine solche Steuerung könnte der ungebremste Fortschritt der künstlichen Intelligenz zu globaler Instabilität, technologischen Monopolen oder sogar einem Mangel an menschlichem Engagement führen. Doch mit rücksichtsvoller, inklusiver und proaktiver globaler Zusammenarbeit kann KI letztendlich zu einem Instrument werden, das die größten Herausforderungen der Menschheit löst – und eine Ära des gemeinsamen Fortschritts einläutet, der auf Ethik, Gerechtigkeit und Frieden basiert.

KAPITEL 8

Künstliche Intelligenz und die
Menschheit: Zukunftsperspektiven

8.1. Neue Chancen und Risiken

Die rasanten Fortschritte in der künstlichen Intelligenz
(KI) gestalten eine Zukunft voller Chancen. Von klinischen
Durchbrüchen bis hin zu neuen Finanzmodellen hat KI das
Potenzial, jeden Aspekt der Gesellschaft zu verändern. Diese
Möglichkeiten bergen jedoch auch erhebliche Risiken, die
sorgfältig gemanagt werden müssen, um sicherzustellen, dass
KI der Menschheit nützt, ohne versehentlich Schaden
anzurichten. Das Verständnis der neuen Möglichkeiten und der
damit verbundenen Risiken ist entscheidend, um ihre
zukünftigen Auswirkungen auf die Welt zu meistern.

Das Potenzial von KI, Branchen zu revolutionieren, ist
vielleicht einer ihrer interessantesten Aspekte. Im
Gesundheitswesen werden KI-basierte Technologien bereits
eingesetzt, um die Diagnostik zu verbessern, personalisierte
Behandlungen zu erweitern und sogar Krankheiten
vorherzusagen, bevor Symptome auftreten. Durch das Lesen
riesiger Datensätze können KI-Algorithmen Muster erkennen,
die für menschliche Ärzte unsichtbar sind, und so frühzeitige
Interventionen und präzisere Diagnosen ermöglichen.
Beispielsweise werden maschinelle Lernmodelle eingesetzt, um
Krebserkrankungen zu erkennen, Herzerkrankungen
vorherzusagen und neurologische Probleme wie Alzheimer zu
erkennen. So können Ärzte diese Erkrankungen frühzeitig und

besser behandeln. Zukünftig könnte KI genutzt werden, um individualisierte Gesundheitspläne zu erstellen, die vollständig auf der genetischen Ausstattung, dem Lebensstil und den Krankenakten einer Person basieren und so eine neue Technologie der Präzisionsmedizin ermöglichen.

KI revolutioniert auch die Arbeitsweise von Unternehmen und eröffnet neue Möglichkeiten für Effizienz, Produktivität und Innovation. In Branchen wie Fertigung, Transport und Logistik optimiert KI-gesteuerte Automatisierung Lieferketten, reduziert Abfall und verbessert die Entscheidungsfindung. Intelligente Roboter und Maschinen übernehmen repetitive, gefährliche und zeitaufwändige Aufgaben und geben menschlichen Arbeitskräften mehr Zeit für komplexere und innovativere Aspekte ihrer Arbeit. Im Wirtschaftsbereich wird KI eingesetzt, um betrügerische Transaktionen aufzudecken, Markttrends vorherzusagen und Investitionsstrategien zu unterstützen, sodass Unternehmen fundiertere und gewinnbringendere Entscheidungen treffen können.

Darüber hinaus verändert KI die Art und Weise, wie wir mit der Technologie interagieren. Von digitalen Assistenten wie Siri und Alexa bis hin zu personalisierten Empfehlungen auf Plattformen wie Netflix und Amazon verbessert KI das Benutzererlebnis durch die Bereitstellung maßgeschneiderter Inhalte und Angebote. Diese KI-gesteuerten Systeme lernen kontinuierlich aus den Entscheidungen und Verhaltensweisen der Nutzer und verbessern so ihre Genauigkeit und Effektivität im Laufe der Zeit. Im Bildungsbereich kann KI individuelle Lernberichte für Schüler erstellen, die sich an ihre individuellen Stärken und Schwächen anpassen und dazu beitragen, Bildungslücken in der Branche zu schließen.

Neben der Verbesserung von Leistung und Produktivität kann KI auch einige der dringendsten globalen Herausforderungen der Menschheit bewältigen. Im Kampf gegen den Klimawandel können KI-gestützte Modelle eingesetzt werden, um Umwelttrends vorherzusagen, den Energieverbrauch zu optimieren und nachhaltigere landwirtschaftliche Praktiken zu entwickeln. Algorithmen für maschinelles Lernen werden eingesetzt, um Abholzung zu überwachen, Wildtierpopulationen zu verfolgen und CO_2-Emissionen zu reduzieren. Dies trägt dazu bei, die Umweltauswirkungen menschlicher Aktivitäten zu mildern. KI kann auch bei der Katastrophenreaktion helfen und Regierungen und Ressourcenagenturen mithilfe prädiktiver Analysen dabei unterstützen, effizienter auf Naturkatastrophen wie Hurrikane, Erdbeben und Waldbrände zu reagieren.

So groß die Möglichkeiten des KI-Einsatzes auch sind, so groß sind auch die damit verbundenen Gefahren. Eines der dringlichsten Probleme ist die Fähigkeit von KI, soziale Ungleichheit zu verschärfen. Mit der Weiterentwicklung der KI-Technologien wächst die Gefahr, dass sich die Vorteile der

KI in den Händen weniger Großkonzerne oder reicher Länder konzentrieren und marginalisierte Gemeinschaften und weniger entwickelte Länder benachteiligen. Diese „KI-Kluft" könnte die Kluft zwischen Arm und Reich vergrößern und eine neue Form der Ungleichheit schaffen, die auf dem Zugang zu fortschrittlicheren Generationen basiert. Diejenigen ohne Zugang zu KI-gestützter Gesundheitsversorgung, Bildung oder finanziellen Möglichkeiten könnten weiter benachteiligt werden, was zu größeren sozialen und wirtschaftlichen Ungleichheiten führt.

Eine weitere große Gefahr ist die Gefahr von Massenarbeitslosigkeit aufgrund der Automatisierung von Arbeitsplätzen. Mit der Weiterentwicklung der KI-Technologie nimmt die Zahl der automatisierten Aufgaben zu, was weltweit Millionen von Arbeitnehmern möglicherweise den Arbeitsplatzverlust zur Folge hat. Branchen wie das verarbeitende Gewerbe, der Kundendienst und sogar Teile des Gesundheitswesens und der Rechtswissenschaften erleben bereits Arbeitsplatzverluste durch Automatisierung. KI kann zwar neue Arbeitsplätze schaffen, doch erfordern diese möglicherweise Fähigkeiten, die die entlassenen Arbeitnehmer nicht besitzen. Dies führt zu einem Missverhältnis zwischen Angebot und Nachfrage. Dies dürfte zu massiver Arbeitslosigkeit und sozialen Unruhen führen, bis ausreichende Umschulungs- und Weiterbildungsprogramme eingeführt werden, um den Menschen den Übergang in neue Berufe zu erleichtern.

KI wirft auch erhebliche ethische Bedenken auf, vor allem in Bereichen wie Datenschutz, Überwachung und Entscheidungsfindung. Mit zunehmender Integration von KI-Systemen in den Alltag erfassen sie große Mengen an Daten über Einzelpersonen, darunter persönliche Entscheidungen, Verhaltensweisen und sogar sensible Daten, darunter wissenschaftliche Fakten oder wirtschaftliche Reputation. Dies weckt Bedenken hinsichtlich der Datensicherheit und des Missbrauchs personenbezogener Daten. Darüber hinaus wirft der zunehmende Einsatz von KI in Überwachungssystemen Fragen zum Datenschutz und zur Möglichkeit autoritärer Regierungen auf, das Leben ihrer Bürger offenzulegen und zu manipulieren.

Der Einsatz von KI in Entscheidungsprozessen, insbesondere in Bereichen wie Strafjustiz, Personalbeschaffung und Kreditvergabe, wirft auch erhebliche ethische Fragen auf. KI-Algorithmen sind nur so unabhängig wie die Daten, auf denen sie basieren. Wenn diese Daten bestehende gesellschaftliche Vorurteile widerspiegeln, können KI-Systeme Diskriminierung aufrechterhalten oder sogar verstärken. So wurde beispielsweise gezeigt, dass KI-gestützte Rekrutierungssysteme in bestimmten Branchen männliche Kandidaten gegenüber weiblichen Kandidaten bevorzugen, während KI in der Strafjustiz auch überproportional Minderheitenorganisationen ansprechen kann. Die Gewährleistung fairer, transparenter und vorurteilsfreier KI-Systeme ist eine wichtige Aufgabe, die angegangen werden muss, um zu verhindern, dass diese Technologien bestehende Ungleichheiten verstärken.

Ein weiteres mit KI verbundenes Risiko ist der Verlust der Kontrolle über selbsterhaltende Strukturen. Mit zunehmender KI-Entwicklung wächst die Schwierigkeit, Maschinen auch ohne menschliche Kontrolle steuern zu können. Autonome Fahrzeuge, Drohnen und sogar Marinesysteme werden bereits in realen globalen Anwendungen eingesetzt. Der Verlust menschlicher Eingriffe wirft jedoch wichtige Fragen zu Verantwortlichkeit und Verantwortung auf. Wenn ein autonomes Gerät eine Entscheidung trifft, die zu Schäden führt, wer trägt die Verantwortung? Der Hersteller? Der Entwickler? Der Betreiber? Diese Fragen sollten beantwortet werden, um sicherzustellen, dass KI-Technologien korrekt und ethisch korrekt eingesetzt werden.

Schließlich birgt die Fähigkeit zu superintelligenter KI – Maschinen, die die menschliche Intelligenz übertreffen – existenzielle Gefahren für die Menschheit. Obwohl dies noch ein spekulatives Szenario ist, warnen viele KI-Experten vor den Gefahren der Entwicklung superintelligenter Systeme, die außerhalb menschlicher Kontrolle agieren könnten. Eine superintelligente KI könnte möglicherweise Entscheidungen treffen, die nicht mit menschlichen Werten im Einklang stehen und damit das Überleben der Menschheit gefährden. Obwohl dieses Szenario noch weit von der Realität entfernt ist, ist es wichtig, die langfristigen Auswirkungen der KI zu berücksichtigen und Maßnahmen zu ergreifen, um sicherzustellen, dass sie verantwortungsvoll weiterentwickelt wird.

Die Zukunft der KI bietet sowohl beispiellose Chancen als auch erhebliche Risiken. Um das volle Potenzial der KI zu nutzen und gleichzeitig ihre Risiken zu minimieren, ist ein ausgewogener Ansatz unerlässlich, der verantwortungsvolle Entwicklung, ethische Fragen und gesellschaftliche Auswirkungen in den Vordergrund stellt. Politiker, Technologen und Ethiker sollten zusammenarbeiten, um Rahmenbedingungen zu schaffen, die Transparenz, Fairness und Verantwortlichkeit bei der KI-Entwicklung fördern.

Wichtige Schritte zur Minderung der mit KI verbundenen Risiken umfassen Investitionen in Schulungs- und Trainingsprogramme, um Mitarbeiter auf die Branche der Konvertierungsverfahren vorzubereiten, die Einführung strenger Datenschutzbestimmungen zum Schutz nicht öffentlicher Daten und die Entwicklung globaler Richtlinien, um sicherzustellen, dass KI-Technologien so entwickelt und eingesetzt werden, dass sie der gesamten Menschheit zugutekommen. Darüber hinaus muss sich die KI-Forschung auf die Entwicklung transparenter, erklärbarer und vorurteilsfreier Systeme konzentrieren, um sicherzustellen, dass KI-Technologien mit menschlichen Werten und Träumen im Einklang stehen.

Das Schicksal der KI wird davon abhängen, wie sie von der Gesellschaft gestaltet wird. Bei gutem Management hat KI das Potenzial, die Welt zum Besseren zu verändern und Gesundheitsversorgung, Bildung und Umwelt zu verbessern. Um diese Vorteile jedoch voll auszuschöpfen, ist es unerlässlich, die Risiken und Herausforderungen der KI zu bewältigen und sicherzustellen, dass sie den großen Interessen der Menschheit dient und zu einem gerechteren, einfacheren und nachhaltigeren Schicksal beiträgt.

8.2. Fortgeschrittene KI-Forschung

Der Bereich der künstlichen Intelligenz (KI) entwickelt sich rasant, und mit den wachsenden KI-Fähigkeiten wächst auch der Umfang der Studien. Fortgeschrittene KI-Studien erstrecken sich über zahlreiche Bereiche, von der theoretischen Erforschung bis hin zu praktischen Anwendungen in verschiedenen Branchen.

Im Mittelpunkt der KI-Forschung steht die Entwicklung fortschrittlicher Algorithmen, Modelle und Frameworks, die menschliches Denken und mehr simulieren können. Theoretische Verbesserungen sind entscheidend, um die Effizienz und Fähigkeit von KI-Strukturen zu verbessern, zu forschen, zu argumentieren und Entscheidungen zu treffen. Ein zentrales Forschungsgebiet ist die Entwicklung besonders leistungsfähiger Deep-Learning-Modelle, die die neuronalen Netzwerke des Gehirns nachahmen. Diese Modelle haben bereits Bereiche wie Bilderkennung, natürliche Sprachverarbeitung und Sportwetten-Algorithmen revolutioniert, doch Forscher arbeiten kontinuierlich daran, ihr Potenzial zur Erkennung komplexer statistischer Muster zu verbessern.

Ein weiterer wichtiger Bereich der KI-Forschung ist das bestärkende Lernen. Es ermöglicht Maschinen, durch Interaktion mit ihrer Umgebung und Feedback zu lernen. Bestärkendes Lernen hat sich in verschiedenen Bereichen als vielversprechend erwiesen, beispielsweise in der Robotik, wo KI-Systeme durch Ausprobieren komplexe Aufgaben wie Gehen, Fliegen oder das Zusammenbauen von Gegenständen erlernen. Dieser Ansatz wurde auch zur Optimierung von Spielstrategien eingesetzt, beispielsweise bei AlphaGo, das menschliche Meister im historischen Brettspiel Go besiegte. Ziel der Forschung zum bestärkenden Lernen ist es, Maschinen anpassungsfähiger und autonomer zu machen, damit sie Aufgaben in Echtzeit lösen und ihre Leistung im Laufe der Zeit verbessern können.

Darüber hinaus wird an der Entwicklung effizienterer und skalierbarer neuronaler Netze geforscht, die große

Datenmengen mit deutlich geringerem Rechenaufwand verarbeiten können. KI-Systeme benötigen für ihr Training enorme Datenmengen und Ressourcen, was sowohl kostspielig als auch zeitaufwändig sein kann. Fortschritte in Bereichen wie spärlichen neuronalen Netzen, Quantencomputing und Hardwareoptimierung sind entscheidend, um diese Herausforderungen zu meistern und KI-Systeme zugänglicher und kostengünstiger zu machen.

Einer der ehrgeizigsten und umstrittensten Bereiche der KI-Forschung ist die Entwicklung künstlicher allgemeiner Intelligenz (AGI). Damit ist ein Gerät gemeint, das – ähnlich wie die menschliche Intelligenz – Informationen in einer Vielzahl von Aufgaben verstehen, analysieren und anwenden kann. AGI ist nach wie vor ein theoretisches Ziel. Moderne KI-Systeme zeichnen sich zwar durch enge, spezialisierte Aufgaben aus, verfügen aber nicht über die Leistungsfähigkeit und Anpassungsfähigkeit menschlicher Kognition. Die AGI-Forschung konzentriert sich auf die Entwicklung von Algorithmen und Architekturen, die Informationen so analysieren und verallgemeinern können, dass Maschinen alle intellektuellen Aufgaben erfüllen können, die ein Mensch bewältigen kann.

Diese Forschung steht vor enormen Herausforderungen, insbesondere bei der Abbildung der komplexen und differenzierten Ansätze menschlicher Denk-, Denk- und Entscheidungsprozesse. Im Gegensatz zu spezialisierten KI-

Systemen, die sich in einem einzigen Bereich auszeichnen, erfordert AGI möglicherweise tieferes Fachwissen, die Fähigkeit zum abstrakten Denken und die Fähigkeit zur Selbstverbesserung. Forscher in diesem Bereich untersuchen, wie sich KI-Systeme konstruieren lassen, die in dynamischen Umgebungen autonom schlussfolgern, Probleme lösen und lernen können. Zu den wichtigsten Ansätzen gehören kognitive Architekturen, symbolisches Denken und Hybridmodelle, die Deep Learning und symbolische Ansätze kombinieren.

Die Leistungsfähigkeit künstlicher Intelligenz (AGI) steigert sowohl die Zufriedenheit als auch die Situation. Sie könnte zwar bahnbrechende Innovationen und Fortschritte hervorbringen, birgt aber auch erhebliche Risiken, insbesondere im Bereich Sicherheit und Kontrolle. Eine superintelligente AGI könnte die menschliche Intelligenz übertreffen und Entscheidungen treffen, die Menschen nicht verstehen oder erwarten können, was zu moralischen, rechtlichen und existenziellen Fragen führt. Daher konzentriert sich ein Großteil der modernen AGI-Forschung nicht nur auf die Entwicklung der AGI selbst, sondern auch auf die Schaffung von Rahmenbedingungen, um die AGI an menschlichen Werten auszurichten und ihre sichere Integration in die Gesellschaft zu gewährleisten.

Die Integration von KI in die Robotik ist einer der vielversprechendsten Bereiche fortschrittlicher Forschung und umfasst Kapazitätspakete in verschiedenen Sektoren, darunter Fertigung, Gesundheitswesen, Transport und Weltraumforschung. Robotikforscher arbeiten an der Entwicklung moderner Roboter, die ihre Umgebung wahrnehmen, Entscheidungen treffen und auf sinnvolle Weise mit Menschen interagieren können. Diese Roboter sind so konzipiert, dass sie autonom agieren und mithilfe von KI komplexe Umgebungen navigieren, Aufgaben erfüllen und sich an veränderte Situationen anpassen können.

Im Bereich autonomer Fahrzeuge spielt KI eine wichtige Rolle, da sie es autonomen Fahrzeugen ermöglicht, ohne menschliches Eingreifen sicher durch die Straßen zu navigieren. Forscher entwickeln fortschrittliche Wahrnehmungssysteme, die es Fahrzeugen ermöglichen, Hindernisse zu erkennen, Verkehrszeichen zu verstehen und sekundenschnelle Entscheidungen auf Basis von Echtzeitdaten zu treffen. Auch die Entwicklung KI-gesteuerter autonomer Drohnen schreitet rasant voran. Die Einsatzmöglichkeiten reichen von der Warenlieferung über die Überwachung bis hin zur Unterstützung von Katastrophenhilfemaßnahmen.

Auch im klinischen Bereich macht die Robotik Fortschritte. KI-gestützte Operationsroboter werden entwickelt, um komplexe Eingriffe zu unterstützen. Diese Roboter arbeiten mit erstaunlicher Präzision, verringern das Risiko menschlicher Fehler und verbessern die Behandlungsergebnisse. Darüber hinaus wird KI zur

Entwicklung von Robotern eingesetzt, die ältere oder behinderte Menschen bei Aufgaben wie Mobilität, Kommunikation und Alltagssport unterstützen.

In der Weltraumforschung werden KI-gesteuerte Roboter und Drohnen eingesetzt, um ferne Planeten, Monde und Asteroiden zu erforschen. Diese autonomen Systeme können medizinische Experimente durchführen, Daten sammeln oder sogar Wartungsarbeiten an Raumfahrzeugen durchführen. Die Integration von KI in die Robotik dürfte die Fähigkeit der Menschheit, Umgebungen zu entdecken und mit ihnen zu interagieren, die für den Menschen zu riskant oder zu abgelegen sind, deutlich verbessern.

Eine der spannendsten Herausforderungen der KI-Forschung ist die Schnittstelle zwischen künstlicher Intelligenz und Quantencomputing. Quantencomputing nutzt die Prinzipien der Quantenmechanik, um Berechnungen durchzuführen, die für klassische Computer unmöglich oder zu zeitaufwändig wären. Mit seinem Potenzial, riesige Datenmengen gleichzeitig zu verarbeiten, verspricht Quantencomputing, die KI-Forschung zu beschleunigen und Maschinen die Lösung von Problemen zu ermöglichen, die derzeit außerhalb ihrer Reichweite liegen.

Quantenmaschinelles Lernen ist ein schnell wachsendes Gebiet, das die Leistungsfähigkeit des Quantencomputings mit fortschrittlichen KI-Techniken kombinieren will. Forscher erforschen, wie Quantenalgorithmen eingesetzt werden können, um maschinelles Lernen zu verbessern, die Datenanalyse zu optimieren und die KI-Leistung zu optimieren. Obwohl Quantencomputer noch in den Kinderschuhen stecken, dürften Fortschritte in diesem Bereich das Training von KI-Modellen deutlich beschleunigen, Optimierungsprobleme effektiver lösen und KI-Strukturen ermöglichen, größere Datensätze präziser zu analysieren.

Quantencomputing könnte auch die Fähigkeit der KI verbessern, komplexe Strukturen zu simulieren, darunter Moleküle, organische Prozesse und Großsysteme. Dies dürfte unter anderem zu Durchbrüchen in der Arzneimittelforschung, der Substanzwissenschaft und der Wettermodellierung führen. Die Konvergenz von KI und Quantencomputing stellt einen spannenden Weg für zukünftige Studien dar und hat das Potenzial, beide Bereiche gleichzeitig zu revolutionieren.

Mit der fortschreitenden Verbesserung der KI werden ethische und regulatorische Herausforderungen komplexer und dringlicher. Die Forschung im Bereich der KI-Ethik untersucht, wie sichergestellt werden kann, dass KI-Systeme im Einklang mit menschlichen Werten und gesellschaftlichen Normen entwickelt und eingesetzt werden. Ein zentraler Aspekt der Ethik ist die Auseinandersetzung mit Gerechtigkeit und Voreingenommenheit, da KI-Systeme bestehende Ungleichheiten unbeabsichtigt aufrechterhalten können, wenn sie auf verzerrten Daten basieren. Forscher arbeiten an der

Entwicklung von Algorithmen, die transparent, erklärbar und verantwortungsvoll sind und sicherstellen, dass KI-Entscheidungen verständlich und verlässlich sind.

Neben Fairness spielen Datenschutzfragen in der KI-Forschung eine wichtige Rolle. Da KI-Systeme zunehmend in den Alltag integriert werden, sammeln sie erhebliche Datenmengen an, was Fragen darüber aufwirft, wie personenbezogene Daten erhoben, gespeichert und verwendet werden. Forscher arbeiten an der Entwicklung datenschutzfreundlicher KI-Techniken, darunter föderiertes Lernen. Dadurch können Daten verarbeitet werden, ohne dass sie geteilt oder auf zentralen Servern gespeichert werden. Dies schützt die Privatsphäre der Nutzer und ermöglicht gleichzeitig das Lernen von KI-Systemen.

Ein weiterer wichtiger Forschungsschwerpunkt ist die Entwicklung regulatorischer Rahmenbedingungen für KI. Politiker und Forscher arbeiten gemeinsam an der Entwicklung von Gesetzen und Richtlinien für die Entwicklung, den Einsatz und die Nutzung von KI-Technologie. Diese Rahmenbedingungen sollen sicherstellen, dass KI präzise, ethisch und verantwortungsvoll entwickelt wird und dabei potenzielle Risiken und gesellschaftliche Auswirkungen berücksichtigt werden. Mit zunehmender Bedeutung und Integration von KI-Technologien in den Alltag wird der Bedarf an wirksamer Regulierung weiter steigen.

Die fortgeschrittene KI-Forschung erforscht einige der spannendsten und transformativsten Grenzen der Technologie und des Zeitalters. Von theoretischen Fortschritten im maschinellen Lernen bis hin zur Integration von KI in Robotik, Quantencomputing und ethische Fragen – das Feld der KI-Forschung wächst rasant und bietet großes Potenzial. Mit diesen Fortschritten gehen jedoch auch große Herausforderungen einher, die angegangen werden müssen, um eine fortschrittliche und verantwortungsvolle Nutzung der KI sicherzustellen. Die Zukunft der KI wird davon abhängen, wie diese Herausforderungen bewältigt werden und wie Forscher, Politiker und die Gesellschaft insgesamt zusammenarbeiten, um sicherzustellen, dass KI im besten Interesse der Menschheit ist.

8.3. Mensch und Maschine: Eine gemeinsame Zukunft

Das Schicksal der Menschheit und der Generationen ist untrennbar miteinander verbunden. Die rasante Entwicklung künstlicher Intelligenz (KI) und Robotik erweitert die Grenzen des Machbaren. Mit der Weiterentwicklung dieser Technologien betreten wir eine Ära, in der die Grenzen zwischen Mensch und Maschine zunehmend verschwimmen. Die Vorstellung eines gemeinsamen Schicksals, in dem Mensch und Maschine symbiotisch koexistieren, bietet sowohl spannende Möglichkeiten als auch tiefgreifende Herausforderungen.

Die Konvergenz menschlicher Intelligenz mit künstlichen Systemen markiert einen entscheidenden Wendepunkt in der Entwicklung der Zivilisation. Künstliche Intelligenz, angetrieben durch Algorithmen und umfangreiche Datensysteme, wird immer stärker in unseren Alltag integriert und sorgt für Effizienzsteigerungen im Gesundheitswesen, im Bildungswesen, im Transportwesen und darüber hinaus. Gleichzeitig ermöglichen Fortschritte in der Robotik und Automatisierung Maschinen, körperliche Aufgaben zu übernehmen, die einst dem Menschen vorbehalten waren. Mit der Weiterentwicklung dieser Technologien muss die Menschheit ihre Beziehung zu Maschinen neu definieren und berücksichtigen, wie diese neue Generation unsere Identität, unser Wirtschaftssystem und unsere Kultur prägen wird.

Eine der greifbarsten Möglichkeiten, wie Mensch und Maschine verschmelzen, ist die Entwicklung von Cyborgs – Wesen, die biologische und synthetische Zusätze integrieren. Fortschritte in der Biotechnologie, neuronalen Schnittstellen und Robotik ermöglichen es dem Menschen, seine körperlichen und kognitiven Fähigkeiten zu verbessern. Von Prothesen, die verlorene Gliedmaßen reparieren, bis hin zu neuronalen Implantaten, die die geistigen Fähigkeiten verbessern – die Möglichkeiten zur menschlichen Verbesserung sind enorm.

Brain-Device-Interfaces (BMIs) ermöglichen beispielsweise die direkte Kommunikation zwischen menschlichem Gehirn und Computern. Diese Technologie hat das Potenzial, die wissenschaftliche Behandlung von Erkrankungen wie Lähmungen, neurologischen Problemen und Gedächtnisverlust zu revolutionieren. BMIs sollen es Menschen ermöglichen, Maschinen mit ihren Gedanken zu steuern und so eine völlig neue Ebene der Interaktion mit der Menschheit zu ermöglichen. Die Weiterentwicklung dieser Technologie wird eine Zukunft schaffen, in der die menschlichen Fähigkeiten über die biologischen Grenzen hinausgehen und eine hybride Mensch-Maschine-Spezies entstehen.

Diese Integration von Biologie und Generation wirft jedoch ethische und philosophische Fragen auf. Was bedeutet es, Mensch zu sein, wenn Körper und Geist durch Maschinen verbessert oder verändert werden können? Die Unterscheidung zwischen organisch und synthetisch wird zunehmend schwieriger, und die Gesellschaft muss sich in diesem neuen Zeitalter der menschlichen Erweiterung mit Fragen der Gerechtigkeit, des Zugangs und der Identität auseinandersetzen.

Mit zunehmender Komplexität der KI-Strukturen beginnen sie, die menschlichen kognitiven Fähigkeiten in bestimmten Bereichen zu imitieren oder sogar zu übertreffen. Die Fähigkeit der KI, große Informationsmengen zu verarbeiten, Muster zu erkennen und Vorhersagen zu treffen, wird bereits in Bereichen wie dem Gesundheitswesen, dem Finanzwesen und klinischen Studien genutzt. Algorithmen zum maschinellen Lernen können medizinische Fotos genauer untersuchen als menschliche Ärzte, Entwicklungen an den Aktienmärkten vorhersehen und sogar bei der Entdeckung neuer Medikamente und Materialien helfen.

In naher Zukunft werden wir davon ausgehen, dass KI stärker in die menschliche Wahrnehmung integriert wird. Neuronale Implantate und KI-gesteuerte kognitive Verbesserungen könnten es Einzelpersonen ermöglichen, ihre intellektuellen Fähigkeiten zu stärken, sofort auf umfassende Statistiken zuzugreifen und Erinnerungsvermögen sowie Entscheidungsfindung zu verbessern. Die Idee der „kognitiven Symbiose" zwischen Mensch und KI zeigt ein Schicksal, in dem unsere Gehirne und Maschinen nahtlos zusammenarbeiten und dabei wünschenswerteres Lernen, Kreativität und Problemlösung berücksichtigen.

Diese Verschmelzung menschlicher und maschineller Intelligenz soll zu einer Form kollektiver Intelligenz führen, die menschliche Grenzen überwindet. Durch den Einsatz von KI zur Erweiterung der menschlichen Wahrnehmung könnte die Gesellschaft komplexe globale Herausforderungen – vom

Klimawandel bis hin zu sozialer Ungleichheit – lösen. Die Fähigkeit zur Zusammenarbeit zwischen Mensch und KI eröffnet neue Möglichkeiten für Innovation, Wissensaustausch und intellektuelles Wachstum.

Der Aufschwung der KI wirft jedoch auch Fragen hinsichtlich des Mangels an menschlicher Autonomie und Unternehmergeist auf. Da Maschinen immer intelligenter und leistungsfähiger werden, besteht die Gefahr, dass Menschen übermäßig von der Produktion abhängig werden, was zu einem Mangel an kritischem Denkvermögen und Entscheidungsfähigkeit führt. Die Gesellschaft sollte ein Gleichgewicht zwischen der Nutzung der Macht der KI und der Wahrung der Essenz menschlicher Kreativität, Intuition und unabhängiger Vorstellungen finden.

Da sich KI und Robotik ständig weiterentwickeln, könnte ihre Integration in die Arbeitswelt und die Gesellschaft insgesamt tiefgreifende Auswirkungen auf soziale Strukturen und Beziehungen haben. Eine der größten Herausforderungen dürfte die Anpassung der Gesellschaft an den Wandel der Arbeitswelt sein. Automatisierung und KI-basierte Technologie könnten menschliche Arbeit in vielen Branchen – von der Produktion bis zum Kundenservice – ersetzen und werfen Fragen zur Zukunft von Beschäftigung und finanzieller Stabilität auf.

Der Aufschwung der KI kann auch zur Entstehung neuer Branchen und zur Förderung der Zusammenarbeit zwischen

Mensch und Maschine führen. Beispielsweise könnte KI den Menschen unterstützen, indem sie repetitive, riskante oder zeitaufwändige Aufgaben übernimmt und es ihnen ermöglicht, sich auf innovativere und strategischere Aufgaben zu konzentrieren. Der Übergang zu einer Gesellschaft, in der Maschinen eine größere Rolle im Finanzsystem spielen, erfordert jedoch neue Richtlinien und Rahmenbedingungen, um Probleme wie Prozessverlagerung, Einkommensungleichheit und Vermögensumverteilung anzugehen.

Neben ihren Auswirkungen auf die Malerei kann KI auch die Art und Weise verändern, wie wir miteinander interagieren. Soziale Roboter und virtuelle Assistenten sind in Haushalten und am Arbeitsplatz bereits alltäglich, und KI wird in Social-Media-Strukturen, die Einführung von Inhalten und Unterhaltung integriert. Da Maschinen menschliche Gefühle und soziale Signale besser verstehen, werden sie eine größere Rolle bei der Gestaltung unserer sozialen Interaktionen und Beziehungen spielen.

Diese sich entwickelnde Beziehung zwischen Mensch und Maschine wirft wichtige Fragen zu Privatsphäre, Vertrauen und Ethik auf. Wie viel von unserem Privatleben müssen wir mit KI-Systemen teilen, und wie können wir sicherstellen, dass Maschinen unsere Autonomie und Privatsphäre respektieren? Welche moralischen Standards sollten die Entwicklung und

Nutzung von KI in sozialen Kontexten leiten? Da Maschinen immer stärker in unser Leben integriert werden, muss die Gesellschaft einen neuen Gesellschaftsvertrag entwickeln, der die Rolle der KI definiert und sicherstellt, dass sie so eingesetzt wird, dass sie der Menschheit als Ganzes zugutekommt.

Das Schicksal von Mensch und Maschine ist kein Gegensatz, sondern eine Zusammenarbeit. Da sich KI und Robotik weiterentwickeln, sollten wir das Potenzial einer Zukunft nutzen, in der Mensch und Maschine gemeinsam die dringendsten Probleme der Branche lösen. Anstatt den Aufstieg der Maschinen zu fürchten, sollten wir ihn als Chance begreifen, unsere Fähigkeiten zu erweitern und neue Grenzen des Verständnisses, der Kreativität und des Fortschritts zu erschließen.

Um dieses gemeinsame Schicksal zu erreichen, muss die Gesellschaft Rahmenbedingungen schaffen, die eine verantwortungsvolle Entwicklung und Nutzung von KI und anderen fortschrittlichen Technologien gewährleisten. Dazu gehören Investitionen in Ausbildung und Forschung, die Förderung der Zusammenarbeit zwischen Mensch und Maschine sowie die Bewältigung der ethischen und sozialen Herausforderungen, die diese Entwicklungen mit sich bringen. Auf diese Weise schaffen wir ein Schicksal, in dem Mensch und Maschine harmonisch koexistieren und die Stärken und Fähigkeiten des jeweils anderen fördern.

Die Konvergenz von Mensch und Technologie verspricht viel für die Zukunft, erfordert aber auch sorgfältige Aufmerksamkeit und Planung. Auf dem Weg in diese neue Ära müssen wir weiterhin darauf achten, dass KI und Maschinen im besten Interesse der Menschheit sind und zu einer gerechteren, nachhaltigeren und faireren Welt beitragen. Die Zukunft von Mensch und Maschine ist eine des gemeinsamen Fortschritts, in der beide Seiten zusammenarbeiten, um eine bessere Welt für kommende Generationen aufzubauen.

8.4. Vertrauen in KI-Systeme aufbauen

Da künstliche Intelligenz zunehmend in wichtige Bereiche der Gesellschaft integriert wird – vom Gesundheitswesen und Finanzwesen über Justizsysteme bis hin zu autonomen Fahrzeugen –, wird der Aufbau von Vertrauen in KI-Systeme zu einem zentralen Thema. Vertrauen ist nicht nur ein Nebenprodukt effektiver Entwicklung; es bildet die Grundlage für die breite Akzeptanz, Popularität und den ethischen Einsatz von KI. Selbst die fortschrittlichsten KI-Lösungen bergen ohne Vertrauen das Risiko von Ablehnung, Missbrauch oder versehentlichen Schäden. Die Aufgabe, Vertrauen aufzubauen, ist vielschichtig und umfasst technische Robustheit, Transparenz, Fairness, Verantwortung und menschenorientiertes Design.

Ein zentraler Faktor für die Schaffung von Vertrauen ist Transparenz. KI-Systeme, insbesondere solche, die auf komplexen Modellen wie tiefen neuronalen Netzwerken basieren, agieren oft als „schwarze Boxen", deren interne Entscheidungsprozesse für Nutzer und sogar Entwickler undurchsichtig sind. Diese Intransparenz untergräbt das Vertrauen, da Stakeholder nicht ohne Weiteres nachvollziehen können, wie sich Inputs in Outputs umsetzen oder warum bestimmte Entscheidungen getroffen wurden. Bemühungen im Bereich der erklärbaren KI (XAI) zielen darauf ab, diesem Problem durch die Entwicklung von Systemen zu begegnen, die menschlich verständliche Begründungen für das Verhalten von KI liefern. So können Modelle beispielsweise hervorheben, welche Faktoren eine medizinische Diagnose ausgelöst haben oder warum ein Kreditantrag abgelehnt wurde. Transparenz gibt Nutzern das Gefühl, informiert zu sein und sich darauf verlassen zu können, dass KI-Systeme fair und zuverlässig funktionieren.

Fairness und die Vermeidung von Vorurteilen sind ebenfalls wichtig für die Vertrauensbildung. KI-Systeme, die auf verzerrten oder nicht repräsentativen Daten basieren, können bestehende soziale Ungleichheiten aufrechterhalten oder verstärken und so zu diskriminierenden Ergebnissen bei der Einstellung, der Polizeiarbeit, der Kreditvergabe oder dem Zugang zu Dienstleistungen führen. Das Erkennen, Messen und Korrigieren von Vorurteilen erfordert strenge Tests und

Validierungen in verschiedenen Bevölkerungsgruppen und Anwendungsfällen. Die Einbindung multidisziplinärer Teams – darunter Ethiker, Sozialwissenschaftler und betroffene Gruppen – in den KI-Entwicklungsprozess gewährleistet, dass Strukturen mit Blick auf Gerechtigkeit entwickelt werden. Das Engagement für Gleichbehandlung fördert das Vertrauen von Nutzern, die andernfalls möglicherweise Ausgrenzung befürchten.

Eine weitere Säule des Konsenses ist die Verantwortung. Nutzer sollten verstehen, wer für die Aktivitäten und Auswirkungen von KI-Systemen verantwortlich ist. Klare Verantwortungsmechanismen beinhalten die Definition rechtlicher Verantwortungsrahmen für KI-Entwickler, -Betreiber und -Betreiber. Dazu gehören Protokolle für die Prüfung von KI-Systemen, Entschädigungsmechanismen für Geschädigte und die behördliche Aufsicht. Die Rechenschaftspflicht umfasst auch die Sicherstellung, dass KI-Systeme rechtliche und ethische Standards einhalten und dass Missbrauch oder Fahrlässigkeit Konsequenzen haben. Wenn Stakeholder erkennen, dass KI innerhalb eines Verantwortungsrahmens agiert, wächst das Vertrauen in ihre Zuverlässigkeit und Sicherheit.

Sicherheit und Datenschutz stärken zusätzlich das Vertrauen in KI. Nutzer möchten die Gewissheit haben, dass ihre Daten sicher und vertraulich behandelt werden, dass KI-

Systeme widerstandsfähig gegen Angriffe sind und dass persönliche Daten nicht missbraucht werden. Die Implementierung robuster Datenverwaltung, Verschlüsselung und datenschutzfreundlicher Geräte-Lernsysteme, einschließlich Differential Privacy oder föderiertem Lernen, trägt zum Schutz der Nutzerrechte bei. Ein transparenter Austausch über Datenpraktiken und Sicherheitsfunktionen stärkt ebenfalls das Vertrauen.

Menschenorientiertes Design ist grundlegend für die Förderung von Vertrauen. KI-Systeme müssen unter Berücksichtigung der Wünsche, Werte und Kontexte der Nutzer entwickelt werden und intuitive Interaktion sowie umfassende Kontrolle ermöglichen. Nutzer sollten KI-Entscheidungen bei Bedarf nachvollziehen, hinterfragen und überschreiben können. Die Integration von Kommentarmechanismen, mit denen Nutzer Fehler oder Vorurteile melden können, ermöglicht kontinuierliche Weiterentwicklung und schafft ein partnerschaftliches Gefühl zwischen Mensch und Maschine. Vertrauen wird aufgebaut, während sich die Nutzer respektiert, informiert und befähigt fühlen.

Darüber hinaus spielen Bildung und öffentliches Engagement eine wichtige Rolle. Vielen Nutzern fehlt ein tiefes Verständnis der Funktionsweise von KI, was zu Skepsis oder unrealistischen Erwartungen führen kann. Öffentliche Aufklärungskampagnen, transparente Diskussionen von

Entwicklern und ein inklusiver Dialog über die Vorteile und Gefahren von KI tragen dazu bei, die Technologie zu entmystifizieren. Wenn Menschen verstehen, was KI kann und was nicht und wie sie reguliert wird, entwickeln sie eher ein fundiertes Vertrauen in sie.

Branchenstandards und Zertifizierungen entwickeln sich zu einem praktischen Instrument, um Vertrauen aufzubauen. Audits durch Dritte, die Einhaltung anerkannter ethischer Richtlinien sowie Zertifizierungen der KI-Sicherheit und -Gleichheit können als Indikatoren für Vertrauen und Zuverlässigkeit dienen. Ähnlich wie Lebensmittelsicherheitskennzeichnungen oder Finanzbewertungen die Kaufentscheidung beeinflussen, helfen KI-Zertifizierungen Verbrauchern und Behörden, die Vertrauenswürdigkeit von KI-Produkten zu beurteilen.

Schließlich ist das Vertrauen in KI dynamisch und muss kontinuierlich erworben und gepflegt werden. Mit der Weiterentwicklung von KI-Strukturen können neue Schwachstellen, Verzerrungen oder unerwünschte Ergebnisse auftreten. Daher sind kontinuierliche Überwachung, Aktualisierung und Transparenz hinsichtlich Änderungen unerlässlich. Vertrauen wird gestärkt, wenn Unternehmen langfristige ethische Praktiken und offene Kommunikation an den Tag legen.

Der Aufbau von Vertrauen in KI-Systeme ist ein komplexer, fortlaufender Prozess, der technische Innovation, ethische Strenge und echtes gesellschaftliches Engagement erfordert. Indem wir Transparenz, Fairness, Verantwortung, Sicherheit und ein menschenzentriertes Design priorisieren, können Stakeholder KI-Technologien entwickeln, die nicht nur gute Leistungen erbringen, sondern auch das Selbstvertrauen stärken und die Zusammenarbeit zwischen Mensch und Maschine fördern. Dieses Vertrauen bildet die Grundlage, auf der das transformative Potenzial von KI richtig und gerecht erschlossen werden kann.